COOPER HEWITT

에딧더월드 · 한밭대학교 적정기술연구소

소외된 90%를 위한 디자인

디자인 DESIGN FOR THE OTHER 90%

mysc ○ EDIT THE WORLD

차례

적정기술의 의미 및 활용방안

홍성욱
(한밭대학교 적정기술연구소장)

최근 들어 한국에서도 '적정기술'(appropriate technology)에 대한 관심이 크게 높아지고 있는 것 같다. 20세기 말까지만 해도 소수의 시민운동가나 대안운동가에게만 관심의 대상이었던 적정기술이 이제는 일반 대중에게도 관심거리가 되었다는 사실이 흥미롭다. 그러나 많은 분들이 '적정기술'이라는 개념이 최근에 생겨난 것으로 오해하고 있는 것 또한 사실이다. 본 해제에서는 적정기술의 의미 및 역사에 대해서 간략히 살펴보고 이의 활용방안에 대해서 알아보도록 하겠다.

적정기술의 의미 및 역사

많은 분들에게는 약간 의외로 들리겠지만 적정기술의 시작지는 인도라고 할 수 있다. 인도 적정기술의 원조는 비폭력 무저항 운동의 창시자인 간디다. 손화철 교수는 이에 대하여 다음과 같이 설명하고 있다.[1]

"적정기술의 원조는 역시 인도의 간디라고 할 수 있겠다. 산업혁명 당시에 영국의 값싼 직물이 인도로 흘러들어와 인도 경제의 자율성을 해치자, 간디는 직접 물레를 돌려 실을 자아 옷을 짓는 운동을 시작했다. 전통적인 방식의 천짜기는 비록 시간이 오래 걸리지만, 누구든지 필요한 만큼의 옷을 만들 수 있으면서도 다른 사람에게 의존할 필요가 없어지는 것이다. 더 나은 품질의 영국 직물이 값싸게 공급되는 것이 단기적으로는 좋아 보이지만, 결과적으로는 손해가 된다는 것을 간디는 간파했다."

실제로 인도에는 적정기술에 대해서 연구하는 '적정기술센터'와 적정기술을 활용한 마을 공동체인 'Barefoot College'가 전국 곳곳에 퍼져 있다.[2]

간디에게 영향을 받은 영국의 경제학자인 슈마허(E. F. Schumacher)는 1973년에 그의 기념비적인 저서 <작은 것이 아름답다>를 출간한다. 이 책에서 그는 대량생산기술이 생태계를 파괴하고 희소한 자원을 낭비한다고 지적하면서 근대의 지식과 경험을 잘 활용하고 분산화를 유도하며 재생할 수 없는 자원을 낭비하지 않는 대중에 의한 생산 기술을 제안한다. 그는 이 기술이 저개발국의 토착 기술보다는 훨씬 우수하지만 부자들의 거대기술에 비해서는 값싸고 소박하다고 하면서 '중간기술'(intermediate technology)이라고 명명했다. 이 내용은 그가 1965년에 유네스코 주최로 칠레에서 열린 '라틴 아메리카 개발을 위한 과학기술회의'에서 한 강연에 바탕을 둔 것이다. 그는 이 강연에서 중간기술 개발의 목표가 사람들이 거주하는 곳에서 일자리를 창출하고, 일반적으로 사용하기에 저렴하고, 비교적 단순한 기술과 지역에서 생산되는 재료를 사용하는 것이라고 정의했다.[3] 즉, 이러한 조건을 만족하는 '중간기술'은 그 장소와 시간에서 '적정하다'고 간주할 수 있겠다. 이러한 이유로 '적정기술'과 '중간기술'이란 용어가 그 후에 혼용되어서 사용되었다. 슈마허는 그의 철학이 사람들의 삶에 실제적이고 지속적인 향상을 가져올 수 있다는 것을 증명하기 위해서 '중간기술개발집단'(Intermediate Technology Development Group)을 1966년에 영국에 설립했다(후에 Practical Action으로 명칭을 바꿈).[4] 한편, 미국에서는 제2차 세계대전이 끝난 후에 해리 트루만 대통령이 포인트포(Point Four) 프로그램을 발표한다. 1949년 6월 24일에 발표된 연설에서 트루만은 미국이 저개발국가에 두 가지 기술지원을 할 것을 제안한다. 하나는 '경제 개발을 위한 기술적, 과학적, 경영학적 지식을 전수하는 것'이고 다른 하나는 '생산기업을 설립하기 위한 생산 기구와 재정 보조를 하는 것'이다.[5] 그러나, 이러한 원조 계획에는 커다란 문제점이 있었는데 그것은 모든 국가가 똑같은 형태의 산업화 과정을 따라야 한다는 전제이다. 즉, 수원국의 자연적 환경이나 문화적 환경을 전혀 고려하지 않고 공여국 입장에서의 일방적인 지원이 가지는 한계를 드러내게 된다.

민간 차원에서는 1959년에 일련의 과학기술자들이 저소득 공동체의 경제적, 사회적 발전에 필요한 적절한 자원을 제공하기 위한 '기술원조를 위한 자원봉사자들'(Volunteers in Technical Assistance, VITA)을 만들었다. 또한, 1969년에는 존 토드(John Todd)가 매사추세츠에 '신연금술연구소'(New Alchemy Institute)를 설립했으며 캘리포니아에는 '패럴론 연구소'(Farallons Institute)가 설립되었다. 이들에 의하면 '적정기술'은 1) 모든 사람들이 사용할 수 있도록 저렴할 것, 2) 쉽게 운전하고 수리할 수 있도록 단순할 것, 3) 소규모 운영에 적합할 것, 4) 인간의 창의성에 부합할 것, 5) 환경 보존에 대한 경각심을 일깨울 수 있을 것 등의 조건을 갖추어야 한다.[6]

1973~1974년에 있었던 오일 쇼크로 인하여 미국인들은 값싸고 풍족하다고 여겨졌던 석유가 한 순간에 고갈될 수 있다는 사실을 깨닫게 된다. 이에 지미 카터 대통령은 몇 가지 에너지 보존 방안에 대한 대책을 강구했다. 그는 1976년에 '국립적정기술센터'(National Center for Appropriate Technology, NCAT)를 설립했으며 1979년에는 백악관에 태양광 패널을 설치했다. '적정기술센터'의 목표는 저소득 공동체의 삶의 질을 향상시키도록 돕는 데 있었다. 그 당시 저소득 가정의 가장 큰 걱정은 에너지에 대한 것이었으므로 적정기술센터는 초기에 에너지 관련 기술 개발에 중점을 두었다. 같은 해에 캘리포니아의 브라운 주지사는 저소득 가정과 소수 민족의 삶의 질 향상을 돕기 위해서 주정부 내에 '적정기술국(The Office of Appropriate Technology)'을 설립했다. 그러나, 이러한 적정기술의 유행은 1981년에 공화당 정부가 들어서면서 찬바람을 맞게 된다. 레이건 대통령은 취임과 동시에 국가적정기술센터에 대한 정부 지원을 철회했으며 1982년에는 백악관에 설치된 태양광 패널을 제거했다. 또한, 캘리포니아의 적정기술국도 새롭게 선출된 주지사에 의해서 1982년에 문을 닫았다.[7]

그러나 정부 차원의 적정기술 운동이 동력을 잃자, '적정기술'은 사회적 기업의 형태로 재탄생하게 된다. 1981년에 미국콜로라도의 정신과 의사인 폴 폴락(Paul Polak)에 의해서 설립된 국제개발기업(International Development Enterprises, IDE)은 1982년에 소말리아의 난민촌을 방문하는 것으로 공식적인 업무를 시작하고 당나귀 수레를 개조하는 것을 도와주었다.[8] 또한, 방글라데시에서는 수동식 관개펌프를 보급하여서 농부들의 수입이 증가되도록 도와주었다. IDE는 이들 프로젝트의 성공으로부터 적절한 기술이 시골의 가난한 사람들이 가난에서 탈출하는 것을 가능하게 해준다는 믿음을 가지게 된다. 현재 IDE는 PRISM(Poverty Reduction through Irrigation and Smallholder Markets)이라는 독특한 모델을 사용해서 시장의 접근성 향상, 수확량 증대, 지역 사업 창출 등을 통해 시골의 가난한 사람들이 수입을 증대시키는 것을 돕고 있으며 지금까지 1,900만 명 이상의 농부들이 이를 통해 가난에서 탈출했다.

1991년에는 닉 문(Nick Moon)과 마틴 피셔(Martin Fisher)가 캘리포니아에 아프로텍(ApproTec, 후에 킥스타트(Kick Start)로 이름을 바꿈)을 설립했다.[9] 그들의 사명선언문에 의하면 킥스타트는 수백만의 사람들을 가난에서 빨리, 비용-효과적으로, 지속가능하게 탈출시킴으로써 세상이 가난과 싸우는 방법을 변화시키는 것을 목적으로 한다. 킥스타트의 사업은 아래의 다섯 단계를 거친다.

1) 시장 조사 : 잠재력이 높은 소규모 비즈니스 기회를 확인하라.
2) 신기술 설계 : 기술-비즈니스 묶음을 개발하라.
3) 제조자 교육 : 신기술을 제품화할 수 있도록 제조자를 교육하라.
4) 기술 판매 : 신기술을 지역의 소규모사업자에게 팔아라.
5) 성과 분석 : 프로그램의 비용-효과성과 성과를 추적하라.

이러한 프로그램을 통해서 2009년 9월 말 현재 88,600개의 새로운 비즈니스가 시작되었다.

미국의 적정기술 운동이 새로운 전환점을 맞게 된 계기는 2007년에 뉴욕의 쿠퍼 휴잇(Cooper Hewitt) 박물관에서 있었던 "Design for the Other 90%" 전시회였다. 디자이너들이 그들의 시간 대부분을 구매력 있는 10%의 사람들을 위해 사용하므로 그 나머지 소외된 90%를 위한 설계가 필요하다는 의미에서 "Design for the Other 90%"라고 명명된 이 전시회는 미국 언론에 대서 특필되었으며 많은 미국 사람들이 적정기술에 대해서 다시금 생각하게 하는 전기를 마련하였다. 폴 폴락에 의하면 "Design for the Other 90%"를 위한 단계는 다음과 같다.[10]

· 목표하는 가격을 설정하라.
· 기술이 하는 역할을 분석하라.
· 가격에 영향을 미치는 주요 인자를 파악하라.
· 목표하는 가격에 맞도록 주요 인자들을 설계하라.
· 시제품을 여러 개 만들어라.
· 현장에 적용해본 후에 시제품을 수정하라.
· 새로운 지역에서는 현지사정에 맞게 개조하라.

이 전시회는 장소를 바꿔가면서 지금도 계속되고 있다.

적정기술의 활용방안

사회적 기업 형태 이외에 적정기술을 가장 쉽게 활용할 수 있는 분야는 공학교육 분야이다. 한국의 공학교육인증(ABEEK)에서 요구하는 공대 졸업생들이 졸업 시 달성해야 하는 학습성과(PO)는 모두 12개이다. 이중에서 아래와 같은 학습성과들은 강의수업 위주의 전통적인 공학 교육을 통해서는 달성하기가 쉽지 않다.

PO #7 효과적으로 의사를 전달할 수 있는 능력
PO #9 공학적 해결방안이 세계적, 경제적, 환경적, 사회적 상황에 끼치는 영향을 이해할 수 있는 폭넓은 지식
PO #11 직업적 책임과 윤리적 책임에 대한 인식
PO #12 세계문화에 대한 이해와 국제적으로 협동할 수 있는 능력

방학을 이용해서 개발도상국을 방문하고 여기서 발견된 문제점들을 해결하기 위해 현지에 적합한 공학설계를 실시하는 것은 전공 지식뿐만 아니라 위에 언급한 능력들을 보유한 공학인을 양성할 수 있는 좋은 도구가 될 수 있다. 예를 들면 미국 MIT의 기계공학과에는 D-lab 과목이 개설되어 있다. 이 과목은 기계공학과 강사인 에이미 스미스(Amy Smith)에 의해서 2002년에 시작되었다. 방학 중에 개발도상국가 또는 저개발국가를 방문해 현지사정을 파악한 후 학기 중에 설계를 실시하고 있다. 주요 설계 제품으로는 사탕수수 숯, 태양광 살균장치, 드럼통 세탁기 등이 있다. D-lab 과목은 초기에는 한 과정으로 시작되었으나 지금은 에너지, 건강, 설계, 개발, 확산 등 모두 11개 과정이 개설되어 있다.[11]

미국 Stanford 대학의 Hasso Plattner Institute of Design(약칭으로 D-School)에는 'Entrepreneurial Design for Extreme Affordability'라는 대학원 과목이 개설되어 있다. 이 과목은 짐 파텔(Jim Patell, 경영학) 교수와 데이빗 켈리(David Kelley, 기계공학) 교수에 의해서 2005년에 처음 개설되었다. 매년 100여 명의 공대, 경영대, 인문학 분야의 대학원생이 수강 신청하고 있으며 이 중에서 40명만 수강할 수 있다. MIT의 D-lab과 마찬가지로 방학 동안 미얀마 등을 방문하고 현지 적용 가능한 제품을 설계한다. 주요 설계 제품으로는 머니메이커펌프 개량, 빗물 보관시설 등이 있다.[12]

한국에서는 크리스천과학기술포럼(CFSE)과 한동대 공동 주최로 2008년과 2009년에 제1, 2회 '소외된 90%를 위한 공학설계 아카데미'가 각각 개최되었다. '소외된 90%를 위한 공학설계 아카데미'는 매년 여름방학 기간 중에 대학 캠퍼스에서 아래 내용으로 3~4일간 진행된다.

- 공학입문설계에 대한 교육
- 설계 철학에 대한 교육
- 소외된 90%를 위한 공학설계 개념에 대한 교육
- 제시된 공학설계 문제를 해결하기 위한 개념 설계를 팀별로 실시
- 공학적 해결책에 대한 발표 및 시상

더불어 개도국 현지조사 또는 '소외된 90%를 위한 공학설계 아카데미' 등을 통해서 도출된 문제들을 각 대학에서 팀을 이루어서 해결하고 제작된 시제품을 발표하는 '소외된 90%를 위한 창의적 공학설계 경진대회'가 있다. 매년 1학기 초 또는 말에 대학 캠퍼스에서 개최되며 CFSE, 한밭대, 한동대 공동주최로 2009년과 2010년에 한밭대에서 제1, 2회 '소외된 90%를 위한 창의적 공학설계 경진대회'가 각각 개최되었다.

'적정기술'은 공적개발원조(Official Development Assistance) 분야에서도 효과적으로 활용될 수 있다. 독일기술공사(GTZ)은 AMES-E 사업을 통해서 에티오피아의 시골 가정에 현대적인 에너지 서비스(주로 소수력과 태양광)를 제공하는 사업을 하고 있다. 이 사업을 통해서 30만 가정이 혜택을 보았다. 또한, '에너지 개발' 프로젝트를 통해 고효율 화덕을 개발해서 보급하고 있다. 2009년 현재까지 350명의 소상공인이 교육을 받았으며 15만 개의 화덕이 팔렸다. 네델란드의 개발기구인 SNV(Sitchting Nederlandse Vrijwilligers)는 바이오가스 제조법을 아프리카의 시골 마을에 공급하고 있으며 안전한 식수원을 보급하는 사업을 하고 있다. 또한, 시골 마을에서 벌꿀을 채취하고 가공하는 것을 도와서 2008년에 에티오피아의 농부들이 30톤의 유기농 꿀을 영국에 수출하도록 도왔다.

결언

지금까지 적정기술의 의미, 역사 및 이의 활용방안에 대해서 간략하게 알아보았다. '적정기술'의 개념은 서구에서는 알려진 지 이미 40~50년이 지난 것이지만 한국에서는 2000년대에 들어서서 본격적으로 사람들의 관심을 끌기 시작했다. 현재 많은 사람들이 기존의 방법이 해결하지 못한 다양한 종류의 문제 해결의 대안으로서 '적정기술'을 고려하고 있다. 그러나, '적정기술'이 모든 사회 문제를 해결하는 만병통치약이 될 수는 없다. 선진국의 성공과 실패 사례를 보다 면밀하게 분석함으로써 한국형 '적정기술'의 성공 사례가 앞으로 많이 나오길 기대해본다.

추천의 글

이수원 (前) 특허청장

특허청은 저개발국 국민들이 실생활에서 필요로 하는 적정기술을 특허문헌에서 찾고 개량하여 제공하는 '지식재산 나눔사업'을 펼치고 있다. 적정기술은 '기술'이라는 편리함에 '따뜻함'이라는 옷을 입힌 것과 같다. 우리나라가 OECD 개발원조위원회 회원이 되고 G20 정상회의를 개최하여 국가 간 빈부격차해소를 논의하는 시점에서, 이 책을 통해 지식과 기술을 활용하여 '나눔'을 실천할 수 있는 혜안을 찾을 수 있을 것으로 본다.

조국 (前) 서울대학교 법학전문대학원 교수

우리에게 '디자인'이라는 영어단어는 '고급패션'을 떠올리게 만든다. 이러한 디자인은 구매력있는 소비자를 겨냥하고 있으며, 이러한 소비자층은 디자인을 구매함으로써 자신을 타인보다 나은 존재로 만들고 싶은 욕망을 가지고 있다. 그런데 이 책은 전혀 다른 디자인의 길을 제시한다. 이 책은 기본적인 필요도 충족하지 못하고 살아가는 가난한 약자들의 고통을 근절하는 데 어떻게 디자인이 기여할 수 있는지를 밝힌다. 그리고 이러한 새로운 시도에 동참하고 있는 디자이너들의 작업을 소개한다. 화려함과 번쩍임의 디자인이 아니라, 사람을 위한 디자인을 꿈꾸는 디자이너, 사회적 기업가, 그리고 저소득층의 삶의 수준을 바꾸려고 노력하는 활동가들의 필독을 권한다.

장현식 (前) KOICA 이사

개발도상국의 빈곤문제를 풀기위한 많은 논의에도 불구하고 아직까지 절대빈곤층의 숫자는 크게 줄어들지 않고있다. 하지만 대부분의 학자들은 개발도상국의 상황을 적절하게 고려한 원조가 가장 효율적이라는 점에서는 동의하고 있다. 이번에 번역된 저서에는 정말 개발도상국에게 필요한 기술이 무엇인지를 적정기술이라는 개념에서 이끌어내고 있으며 여러 가지의 적정기술의 실례를 디자인하여 우리에게 알려주고 있다. 동 저서의 의미를 분석하여 실제로 적용하는 것은 나와 같은 개발담당자의 몫이며, 특히 개발에 관심을 가지고 있는 모든 분들에게 일독을 권하고 싶다.

이일하 (前) 굿네이버스 회장

최근 한국사회에서 적정기술의 개발이 국제개발의 새로운 대안으로 떠오르고 있습니다. 적정기술은 지속가능한 개발의 가치를 지니고 있기에 많은 구호단체와 국제개발참여자들이 관심을 가져야 합니다. 굿네이버스는 아프리카 차드와 몽골에서 가난한 이들의 삶을 위한 적정기술을 개발하여 사회적기업 형태의 사업을 진행하며 그 가치와 성과를 확인하고 있습니다. 이 책은 가난한 이들을 위한 아이디어와 기술을 나름의 표현양식을 통해 대중에게 전달하는 '적정기술의 입문서'라고 할 수 있기에 때 맞추어 한국사회에 번역출간되는 것에 반가운 마음입니다. 이 책 속의 사례들이 가지고 있는 관점과 통찰들이 수많은 젊은 실천가들을 만들어내고 가난한 이들을 위한 새로운 시도로 이어지길 기대합니다.

이장우 'Idea Doctor' 이장우브랜드마케팅그룹 회장

디자인에도 좋은 것(Good)과 위대한 것(Great)이 존재하는가? '좋은 디자인'은 사용자에게 친밀함과 사용성을 증가시키지만, '위대한 디자인'은 모든 사람의 잠재력을 끄집어내고, 진정한 교감으로 이끌어간다. <소외된 90%를 위한 디자인>은 우리에게 '위대한 디자인'이란 과연 무엇일지 새로운 화두를 던진다. 기업가정신으로 무장한 혁신가, 창조적인 디자인을 고민하는 디자이너, 그리고 '살맛 나는 세상'을 꿈꾸는 모든 이들이라면 반드시 고민해봐야 할 주제다. Good Design to Great Design!

황원규 (前) 국제개발협력학회장, 국무총리실 국제개발협력위원회 위원

이 책에서는 세계 인구의 90%를 위한 인도주의적 디자인과 지속가능발전을 위한 실천방안이 제시되고 있다. 21세기 전 지구적 고도대중소비사회의 대두 추세 속에서 지구생태계를 살리기 위한 착한 구상들과 세계 빈민을 위한 따뜻한 열정이 담겨있는 아름다운 책이다. '작은 것이 아름다움'을 설파하는 톡톡 튀는 생태친화적 아이디어들이 가득히 들어 있는, 탐욕과 소비가 미덕인 서구식 자본주의에 경종을 울리는 책이다.

적정기술총서에 대해

김정태
(MYSC 대표)

한 해에 외국 방문객을 7천 명으로 제한하는 '신비의 나라' 부탄으로 출장을 간 적이 있다. 그때 나는 한 권의 원서를 가져갔는데, 개발도상국으로 출장을 갈 땐 일과가 끝나는 적막한 저녁에 무언가 집중해서 읽을 책이 필요했기 때문이다. 부탄의 수도 팀푸에서 공식적인 워크숍을 마치고 호텔로 돌아오니, 거리는 적막해졌고 히말라야 산맥 초입에 자리 잡은 이 은둔왕국은 깊은 밤으로 접어들었다. 나는 거리에서 개들이 짖어 대는 유난히 큰 소리를 들으며, 준비해온 책을 꺼내서 읽기 시작했다.

부탄은 적정기술(Appropriate Technology)의 개론서이자 적정기술이 어떻게 국제개발협력 현장에서 활용되고 있는지를 소개한 <Design for the Other 90%>을 읽기에 매우 이상적인 장소였다. 팀푸 시내에는 교통 신호등이 한때 설치되었지만 곧 철거되었다고 했다. 오히려 매연이 증가하고, 주민들의 '행복'에 도움이 안 된다는 의견이 많았기 때문이다. 기술 또는 특정제품의 진보와 발전이 그것을 누리는 인간의 행복과 꼭 비례하지는 않는다. 그런 면에서 적정기술은 '누구를 위한 기술인가?'라는 불편한 질문을 던진다. '국가의 품격'을 생산이 아닌 행복으로 가늠하겠다는 국민총행복(Gross National Happiness)이란 개념으로 유명한 부탄에서 나는 그렇게 적정기술과 뜨거운 조우를 했다.

적정기술이란 '해당 기술을 사용할 때 개인의 자유가 확대되고, 그 사용이 환경이나 타인에게 가하는 피해를 최소화하는 기술'이라고 간단히 말할 수 있다. 기술이 화려하고, 뛰어난 제품이지만 그것을 사용하는 인간이 오히려 소외될 때 그것은 비적정기술의 범주로 분류된다. 처음부터 적정기술로 분류되는 기술은 존재하지 않으며, 개발도상국이나 선진국 어디에서 사용되느냐가 또한 기준이 아니다. 적정기술은 기술의 진보가 아닌, 인간의 진보를 중시한다. 간단한 기술이든 최고의 기술이든 '인간의 진보', 즉 사용자의 자유가 계속 확대되는지의 여부가 적정기술과 비적정기술을 구분한다. 따라서 적정기술은 노벨경제학상을 수상한 아마타야 센의 '자유로서의 발전'(Development as Freedom)이 의미하는 '개인의 자유가 확장되어가는 과정'과 밀접하게 연결되어 있다.

'적정기술'이란 단어는 두 가지 차원에서 약점이 있다는 것을 미리 언급하고 싶다. 첫째, 적정기술은 '기술'에 관한 것이라는 선입견을 가져다줄 수 있다. 이 때문에 특히 인문계나 국제개발협력 종사자들은 근거 없는 거리감을 느끼곤 한다. 적정기술은 사실 '기술'에 관한 것이 아니다. '인간의 얼굴을 한 기술'로 번역될 수 있는 이 개념은 인간에 대한 깊은 관심과 이해를 가진 하나의 철학이자 세계관이라 볼 수 있다. 둘째, 적정기술은 '적정한 기술'을 의미하며, 이는 더 이상 선진국에서 사용하지 않는 '구닥다리 기술의 개발도상국 전수'와도 같다는 오해다. 적정기술은 '구닥다리 기술의 재발견'이 아니라 현지인과의 깊은 소통과 창의적인 접근을 통해, 그동안 '화려하게 진보한 기술'이 결코 해결하지 못했고, 해결하려는 의지도 없었던, 굵직굵직한 국제문제들에 도전한다는 의미다.

선의를 가지고 아프리카 등지에서 화려한 기념식과 함께 전달된 최고의 기술과 제품들이 시간이 지남에 따라 먼지를 뒤집어쓰고, 수리가 곤란해져 오히려 현지에서 처리 곤란한 골칫덩어리가 되었다는 이야기를 종종 들을 수 있다. 무엇이 문제였을까? 기술이나 제품이 충분히 최신식이 아니어서? 혹은 현지인들의 수준이 워낙 뒤떨어져서? 적정기술총서는 그러한 의문에 답해보려는 현실적이며 구체적인 시도다. 딱딱한 기술이 아니라 따뜻한 마음을 가진 기술, 그리고 그러한 기술이 적용된 디자인을 접하면서, 우리는 '소외된 90%를 위한' 새로운 가능성을 만나게 된다.

적정기술의 선구자인 영국의 경제학자 E. F. 슈마허는 '작은 것이 아름답다'(small is beautiful)고 말했다. 그렇다면 기술이든 디자인이든 최고가 아니라 '적정한 것이 아름답다'(appropriate is beautiful)라고도 말할 수 있지 않을까?

서문

보편적 인권은 어디서부터 시작되는 것일까요? 바로 작은 곳들, 너무 가깝고 너무 작아서 세계 지도에서조차 찾기 어려운 내 주변에서 시작됩니다. 그러나 그곳은 우리가 살고 있는 지역 사회, 우리가 다니는 학교나 대학, 우리가 일하는 공장, 농장이나 사무실과 같은 개개인이 속한 세계입니다. 이곳이 바로 모든 남성과 여성, 아이들이 차별 없이 평등한 정의, 평등한 기회, 평등한 존엄성을 얻고자 하는 곳입니다.
- 엘리너 루스벨트, 유엔 연설문 중에서, 1953년 3월 27일

인류는 문제를 해결하기 위해 항상 다양한 종류의 발명을 해왔다. 1960년부터 1962년까지 우리 가족은 안데스 산맥의 고원에 자리하고 있는 콜롬비아의 아름다운 도시인 보고타에서 살았다. 콜롬비아는 대부분의 미국이나 유럽의 도시들과는 달리 예전부터 지금까지 부유한 사람들과 그렇지 않은 사람들이 서로 완전하게 분리되지 않고 육체적으로나 정신적으로 밀접하게 관련을 맺고 살아가는 곳이다. 우리의 아파트는 도시의 부유한 지역이 내려다보이는 북쪽으로 가장 높은 거리인 카레라 프리메라(Carrera Primera)에 위치하고 있었다. 학교 수업이 없는 날이면, 우리 집의 가사도우미는 집 바로 뒤편 산 위에 있는 그녀의 집으로 나를 데려가곤 했다. 우리는 가파른 언덕길을 올라가 고속도로나 도로에서 가져온 표지판들로 지어진 그녀의 친척집을 방문했다. 이 표지판들로 인해 집의 외관은 형형색색을 띠고 있었고, 큰 크기와 무거운 금속 구조 덕분에 집의 내부 또한 방수가 되는 견고하고 넓은 공간이었다. 이곳의 거주자들은 거리의 전봇대에서 불법으로 전기를 끌어와서 집 안에서 전등을 사용하고 라디오를 틀기도 했다. 그 당시 나는 재활용과 재조합을 통해 만들어낸 디자인의 창의성과 풍성함에 감명 받기에는 너무 어렸다. 그러나 지금, 나를 비롯한 내 주변의 많은 사람들이 '산 아래'에 살고 있는 사람들을 위한 '디자인'에 시간을 쏟고 있는 때에 나는 왜 '산 위에 살고 있는 사람들'의 독창성에 디자인이라는 단어를 붙이는 데 이렇게 오랜 시간이 걸렸는지 의문스럽다.

그림 1. 세계 지도　　　소외된 90%를 위한 디자인[1] 전시회와

책은 특별히 매력적이지도 않고, 때로는 제한적 기능을 가지고 있으며, 매우 값싼 디자인들에 대한 관심을 불러일으키기 위해 시작되었다. 이 디자인은 변형될 수 있으며, 경우에 따라 실제로 사람을 살리기도 한다. 전시되고 설명된 디자인들은 우리가 일반적으로 생각하는 디자인과는 거리가 멀고, 디자인 잡지나 저널에 실리거나 디자인 콘퍼런스에서 다루어지거나 박물관에 전시되는 일 또한 거의 없다. 그러나 우리는 이러한 책이나 전시가 점차적으로 현실을 바꿔서 '다른' 종류의 디자인에 대한 참여와 인식의 확대에 도움주기를 바란다.

　　일반적으로 '디자인'이란 물건이나 개념에 미, 기능 그리고 비용, 이 세 가지의 속성이 어떻게 균형을 이루었는지에 기반을 두어 정의된다. '최고의' 디자인은 대개 높은 가격과 동일시되며, 특권과 차별성을 가진 디자이너의 이름은 그 제품을 사용하는 사람들에게도 동등한 특권을 부여한다.

　　디자인이란 단어는 최신 가구, 패션, 액세서리를 지칭할 때나 혹은 소비자의 관심을 불러일으키고 회사의 수익을 높여줄 새로운 만병통치약을 가리킬 때 등 어느 곳에서나 눈에 띄게 사용되는 반면, 소외된 90%를 위한 디자인 작품들은 우리의 일상생활 속에서 전혀 사용되거나 거론되지 않는다. 대신 우리는 진정한 필요라기보다는 욕구를 채우기 위해 돈을 쓰고, 욕구를 탐닉하며, 욕구를 실현하는 문화를 위해 디자인된 것들의 이미지에 둘러싸여 있다.

　　하지만, 국제적인 문제 해결 수단이라는 디자인의 또 다른 정의는 이 책에 등장하는 많은 디자이너들이 작업하는 방식을 가장 잘 설명해준다. 전 세계에서 모인 디자이너들은 '사회적 기업가들'로서, 기본적인 필요도 충족하지 못하는 사람들의 고통을 근절하도록 돕는 데 디자인을 사용하고 있다. 이들은 잠재적 사용자들이 어떻게 살고 일하는지, 어떤 사용가능한 자원들과 도구를 갖고 있으며 또 어떠한 욕구와 즉각적인 필요가 있는지를 이해하는 활동을 통해 그들의 고통을 인식했다. 이를 통해 사용자들이 자립할 수 있고 자신의 권리를 스스로 지키는 기업가가 될 수 있도록 도와주는, 간단하고 실용적이며 누구나 사용 가능한 자원을 활용하는 제품과 시스템을 디자인할 수

바바라 블로밍크
(Barbara Bloemink)

11

그림 2. '인류를 위한 건축'
(Architecture for Humanity)
활동모습

있었다.

이 전시를 기획할 때의 첫 번째 도전은 어떻게 '빈곤'을 정의해야 아프리카에서 근근이 먹고 살아가고 있는 농부들뿐만 아니라, 허리케인 카트리나로 대부분의 재산을 잃은 미국 남부주민들도 동등하게 논의에 포함시킬 수 있느냐에 관한 것이었다. 이후 시간이 지나면서, 진짜 문제는 용어를 적절하게 정의하기 위해 수많은 통계들을 어떻게 이용할 것이냐가 아니라, 이 책의 디자이너들이 보여주는 것처럼, 잠재적인 사용자들이 자립하고, 독립하며, 안전하다고 느끼도록 하기 위해서 그들이 무엇을 원하고 필요로 하는지 살펴보는 것이었다.

모든 인간은 깨끗한 물, 집, 음식, 교통수단, 의료 지원과 정보에 대한 접근의 기본적인 필요를 가지고 있다(그림2). 우리 중 대다수는 이것들을 당연하게 얻을 수 있는 행운과 특권을 누리고 있지만 세계의 수많은 사람에게는 거의 얻을 수 없거나 좀처럼 얻기 어려운 것이다. 일부 디자이너의 작품은 매우 기본적이며 단순하지만 놀라운 영향력을 가지고 있다. 세계 빈곤층의 절반은 수인성 질병을 앓고 있으며, 매일 6,000명이 넘는 아이들이 안전하지 않은 물을 마시고 죽어가고 있다. 이 책에 등장한 몇몇 디자인, 예를 들어 5십만 명 이상의 사람들이 사용해온, 세라믹 항아리에 콜로이드 은을 적용하여 여과시키는 항아리나 휴대용 정수기인 라이프스트로우(LifeStraw) 등은 질병을 수반하는 물을 안전한 식수로 바꿔줌으로써 셀 수 없이 많은 사람들의 생명을 살릴 수 있음을 보여준다.

책에 소개되는 다른 작품들은 기능성 제품들인데, 이는 밤에 책을 읽거나 앞을 볼 수 있도록, 또 잘 들을 수 있도록 해주며 다리가 없는 사람들도 자전거를 타게 해주고 예배 시간에 교회에 앉아 있을 수 있도록 해준다. 이러한 기능들은 본질적으로 기본 생존에 필수적인 것은 아니지만 경제적으로 사용자들의 삶의 질을 향상시켜주며 미래의 삶을 지속할 수 있도록 해준다(그림 3,4). 세계화의 흐름 속에서 교통수단과 사회 참여는 점차 삶의 필수적인 부분을 차지하게 되었고, 동시에 정보 또한 매우 가치 있는 국제 통화가 되었다. 오늘날, 많은 사람들이 지식과 정보를 쉽게 얻을 수 있는 사람들과 그렇지 않은 사람들 간의 격차가 벌어지는 것을 우려하고 있다. 전 세계에 퍼져있는 정보에 대한 접근은 개인과 문화가 세계로부터 배울 수 있게 하고, 세계에 대해서 알 수 있도록 한다. 이러한 정보에 대한 접근의 결여가 지속되면 고립이 심화될 뿐만 아니라 교육, 보건 그리고 의료 등과 같은 필수적인 분야에 대한 지원과 정보를 얻는 것이 불가능해진다(그림 5).

많은 디자이너들은 원거리, 전력과 접근성의 문제를 극복할 수 있는 독창적인 방안을 고안하고 있다. 퍼스트마일 솔루션스(Firstmile Solutions)는 캄보디아의 외진 마을인 라타나키리(Ratanakiri)라는 지역에 태양전지를 사용하는 학교 15곳과 원격의료 진료소, 그리고 주지사 관저를 위해 인터넷 마을 모토만(Internet Village Motoman) 사업에 착수하였다(그림 6). 그리하여 캄보디아의 고립된 지역에 살고 있는 환자들은 마을 의료조직(Operation Village Health)의 두 개의 원격의료 진료소를 통해 매달 미국 매사추세츠 종합 병원의 의사들에게 진료받을 수 있게 되었다. 캄보디아의 수도 프놈펜에서 온 간호사는 트럭으로 6시간의 거리를 이동해 각

그림 3. 자이푸르(Jaipur) 발과 무릎
아래 의족. 디자이너/ 생산자: Master
Ram Chandra Sharma. 자이푸르,
인도, 1968.

그림 4. Perma Net. 디자이너:
Vestergaard Frandsen. 생산자:
Vestergaard Frandsen S.A.
스위스, 베트남, 2000.

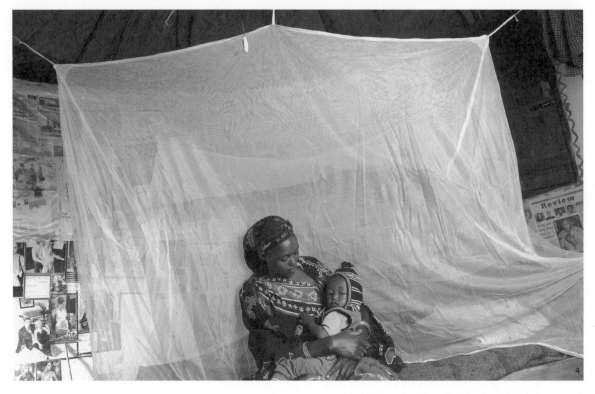

마을로 가서 환자들을 검진하고 디지털 사진을 찍어 이를 위성을
통해 보스턴에 있는 의사들에게 전송한다. 지금까지 600건이
넘는 진료 상담들이 이어져왔다.

전 세계 200명 이상의 학생들과 전문가들은
킹카주(Kinkajou) 마이크로필름 프로젝터와 이동도서관
사업을 위해 디자인댓매터스(Design that Matters)와
협력했다(그림7). 75%에 달하는 성인 인구가 문맹인
서아프리카의 외곽 지역에서, 그들의 글을 읽고 쓸 줄 아는
능력을 향상시키기 위해 50,000명의 학습자를 대상으로 약
1,500개의 마이크로필름 프로젝터와 이동도서관을 설치했다.
수백 권의 책 내용들이 마이크로필름에 저장되어 있으며
프로젝터는 LED 기술을 사용하고 세 개 혹은 네 개의 AA
건전지로 작동한다. 많은 디자이너들은 여러 개의 필수적인

기능들을 가지고 있다. 예를 들면 스타사이트(StarSight)는
태양전지를 사용하는 가로등의 무선 네트워크를 지역
네트워크와 결합시켜서 야간 범죄율을 급격하게 줄일 수
있도록 한다. 이 시스템은 제3세계에서 급격히 도시화되고 있는
지역들을 위해 고안되었다.

이 전시회와 책의 목적은 산업된 지역에 살고 있는
원래부터 부유한 소비자들이 아닌, 세계 인구 중 '소외된
90%'를 위해 디자인하는 디자이너들의 주제를 소개하는
것이다. 또한 이러한 시도들을 책임지고 수행하는 사람들의
작업에 박수를 보내고, 다른 많은 디자이너들 또한 소외된
소비자들을 고려하는 디자인을 할 수 있도록 하기 위함이다.

이 책에 소개된 사례들은 자신들의 창의성, 경험과 지식을
수백만 명의 사람들의 생명을 위한 수단으로 변환시킨 많은

5

디자이너들의 공통된 노력을 보여준다. 무엇보다 이 책과 전시의 목적은 우리 소비문화에 또 하나의 제품이나 개념을 추가하는 것이 아니라 세계를 돌아보고 진정한 문제와 필요를 살핀 후, 사용자들의 필요에 맞게 해결책을 디자인한 많은 디자이너-전문가와 아마추어, 세계적으로 유명하거나 그렇지 않은 사람, 학생과 교수, 개인과 팀-에게 찬사를 보내는 것이다.

리멜슨 재단(Lemelson Foundation)은 삶을 향상시키는 개발과 개혁을 지지하며 이와 같이 중요한 디자인의 분야를 세계적인 분야로 확장시키기 위해 많은 공헌을 했다. 이 재단은 소외된 90%를 위한 디자인 전시와 교사들이 수업에서 디자인 사례들과 발명을 사용할 수 있도록 교육시키는 '2007 여름 디자인 학회'를 지원했다. 뉴욕주립예술위원회(New York State Council on the Arts State agency), 에스메우스단전시지원기금(Esme Usdan Exhibition Endowment Fund)과 에렌크란즈기금(Ehrenkranz Fund) 또한 전시를 개최하는 데 큰 도움을 주었다. 이 책은 안드레스멜론재단(The Andres W. Mellon Foundation)의 큰 도움을 받았다.

이 책에 소개된 글과 작품을 제공한 재능 있는 디자이너들에게도 특별한 감사를 드린다. 먼저 전시 책임자이신 신시아 스미스 씨에게 감사드린다. 인도주의적 문제에 대한 그녀의 헌신과 산업디자이너로서의 경험이 그녀를 최종 작품에 필요한 모든 것을 조직하고, 찾아내고 협상하는 전시책임자 역할에 최고 적임자로 만들었다. 그녀는 전시할 작품을 찾아내고 책의 작가들을 선정하고 조직화하는 등 모든 과정에서 최고의 역할을 담당해주었다. 쿠퍼 휴잇(Cooper-Hewitt) 팀의 편집장인 철 김(Chul Kim)과 전시팀장인 조이슬린 그룹(Jocelyn Groom), 기록원인 스티븐 랜지호(Steven Langehough)에게도 프로젝트를 위한 그들의 끊임없는 시간과 노동의 헌신에 감사드린다. 책의 주제에 관한 통계학적인 정보들을 모아주신 인턴 안드레아 립스(Andrea Lipps), 캐롤린 페이슨(Caroline Payson)이 맡고 있는 교육부서, 제니퍼 노스롭(Jennifer Northrop)의 지휘 하에 있는 커뮤니케이션 마케팅 팀, 캐롤린 바우만(Caroline Baumann) 원장의 개발부서, 개발부장 앤 쉬슬러-휴즈(Anne Shisler-Hughes)를 비롯해서 소외된 90%를 위한 디자인 작업에 참여해주신 모든 쿠퍼 휴잇의 관계자 분들께 감사드린다. 또한 박물관장인 폴 워윅 톰슨(Paul Warwick Thompson), 끊임없는 지지를 보여주신 이사회 분들, 에즈메 우스단(Esme Usdan)과 커트 앤더슨(Kurt Andersen), 마지막으로 값진 지원을 해주신 전시 부서의 모든 분들에게 감사의 인사를 드린다.

그림 5. AMD 개인 인터넷 커뮤니케이터. 디자이너: M3 Design. 생산자: Solectron and FIC. 미국, 멕시코, 브라질, 2004.

그림 6. 인터넷 마을 모토만(Internet Village Motoman). 네트워크: American Assistance for Cambodia, Operation Village Hearth, Sihanouk 희망의 병원, 매사추세츠 종합병원, 하버드 의학 대학원. 모바일 접근점과 안테나. 디자이너/ 생산자: United Villages, Inc.; HyperLink Technologies, Inc. (안테나). 미국, 2002-03. 솔라 패널. 생산자: Kyocera Corporation. 일본, 2006. Ipstar broadband 위성 시스템. 생산자: Shin Satellite PLC. 헬멧. 제작: S.Y.K. Autopart Import-Export Co.,Ltd. 태국. 오토바이. 디자이너/ 생산자: Honda Motor Co., Ltd. 태국, 2002.

그림 7. 킨카주 마이크로필름 프로젝트 + 이동도서관. 디자이너: Design that Matters, Inc., 전문가, 학생들과의 협력. 다양한 제조업자. 미국, 2004.

6

7

빈곤종식을 위한 디자인

신시아 스미스
(Cynthia E. Smith)

비행기가 쌍둥이 빌딩(역자 주: 미국 뉴욕의 세계무역센터)을 무너뜨리는 것을 본 순간부터 나의 세계관의 중심이 바뀌었다. 다른 많은 사람들과 마찬가지로 나는 우리의 삶이 변했음을 깨달았다. 그후 2주 동안, 나는 맨해튼 하부의 거리를 배회하며 이 재난의 여파에 내가 도움을 줄 수 있는 방법을 찾고 있었다. 나는 산업 디자인을 공부했지만 내 재능을 유용하게 사용할만한 곳을 한 군데도 발견하지 못했다. 그래서 나는 '디자이너로서 어떤 방식으로 변화를 만들 수 있을까'에 대해서 질문하기 시작했다.

사회적으로 더 책임 있는 디자인을 위해

내 건축사무소의 많은 직원이 맨해튼 하부를 재건하는 데 일반인들의 참여를 독려하는 단체인 이매진 뉴욕(Imagine New York)과 봉사활동을 하고 있었지만, 나는 내가 할 수 있는 일이 이보다 더 많다고 믿었다. 성인기를 정치운동가로 보낸 나는 지역에 영향을 끼치기 위해 선거에 출마하기로 결정했다. 떨어질 경우를 대비해, 학교에도 지원했다. 선거에는 떨어졌지만 케네디 행정대학원에는 합격했다. 하버드 대학교를 다니면서, 전 세계에서 온 외교, 법, 인권에서 경제개발, 주택, 건축에 이르기까지 다양한 분야의 직업을 가진 사람들과 함께 공부했고 우리 모두는 세상을 더 나은 곳으로 만드는 데 기여하려고 노력했다. 학교를 졸업한 후, 나는 이 같은 이상을 실현하기 위한 충분한 재능과 생각들로 무장되어 있음을 느꼈다. 뉴욕에 돌아와서 당시 쿠퍼 휴잇의 박물관 책임자였던 바바라 블로밍크를 만났는데, 그는 나에게 사람들을 빈곤에서 구제할 수 있는 저렴한 디자인에 관한 전시회 준비를 부탁했다. 내가 조사를 시작하면서 발견한 것은 사람들의 삶의 질을 높일 수 있는 지속가능한 해결책을 만들기 위해 헌신하는 디자이너, 엔지니어, 건축가와 기업가의 수가 급증했다는

그림 1. Mad Housers의 오두막. 디자이너/생산자: Mad Housers 자원봉사자들. 미국, 1987.

것이다. 소외된 90%를 위한 디자인은 빈곤을 퇴치하고 전 세계 사람들에게 더 나은 수준의 삶을 제공하기 위해 개인과 단체가 할 수 있는 여러 가지 방법들을 알려준다.

성장하는 디자인 운동

사회적 책임이 있고, 지속가능하며, 인도주의적인 디자인을 만들기 위한 운동이 전문적인 디자인 공동체, 디자인 학교, 공과대학, 그리고 건축 학교 안에서 일어나고 있다. 이는 큰 변화를 의미하는데, 디자인의 초점이 지원을 충분히 받지 못하는 인구들에게로 옮겨졌기 때문이다. 이 관점에서 보는 디자이너들은 최종 사용자들의 필요가 무엇인지를 파악하기 위해 그들과 직접 일을 하고, 이를 토대로 비용이 적게 드는 기술을 개발하여 지역의 경제성장을 촉진하고 빈곤에서 벗어날 방법을 제시한다(그림3).

당신은 하루 동안 생활하기 위해 2달러 밖에 없으며, 이 돈으로 음식, 집, 깨끗한 물, 건강관리 또는 교육을 받는 것 중에서 하나를 골라야 한다고 생각해보자. MIT의 강사인 에이미 스미스(Amy Smith)는 학생들에게 일주일 동안 하루에 2달러만으로 생활하게 하여, 전 세계 인구의 반 가까이 차지하는 28억의 인구가 자신의 기본생활요건도 충족시키지 못하는 상황을 더 잘 이해할 수 있도록 했다. 전 세계에서 여섯 명 중 한 명, 즉 11억 명의 인구가 하루에 1달러도 못 미치는 금액으로 간신히 생활하는데, 이는 기본생활요건조차도 충족시키지 못하고 그야말로 죽음을 야기하는 빈곤 상태라고 할 수 있다.[1] 에이미 스미스의 MIT 학생들은 '하루에 2달러 생활 체험'을 보완하기 위해 개발도상국에 살면서, '적정기술'의 기준에 상응하는 디자인을 만들려고 노력한다. 적정기술이란 단순하고 저렴하며, 생산과 분배가 쉽고, 직접적인 수요를 충족시킬 수 있는 기술이어야 한다.[2] 맥아더 재단(MacArthur Foundation)의 회원인 스미스는 D-Lab을 통해 그녀의

단순하며 효율적인 디자인을 발전시키는데, D-Lab은 그녀의 수업에서 만들어진 그룹으로, 실제 현장에서 작업하며, 큰 영향을 준 결과들을 그들의 웹사이트에 보고하는 모임이다.

2003년, 디자인을 통해 사회 문제를 해결하는 '디자인이 중요하다'(Design Matters) 프로그램을 확장하기 위해 유엔은 캘리포니아 주 패서디나에 있는 아트센터 디자인 대학(Art Center College of Design)을 학교로는 최초로 유엔 협의 지위를 가진 비정부기구(NGO)로 지정했다.[3] 유사하게, 2001년에 시작된 MIT의 비영리 공동 단체인 '디자인이 중요하다'는 국제 비정부기구들이 제기한 문제를 해결하기 위한 제품과 서비스의 '가상 디자인'에 몰두한다. 자원 엔지니어, 디자이너와 비상근 전문가들은 기업 및 엔지니어링을 공부하는 학생들과 함께 디자인 표본을 조사하고 개발한다. 씨티빌드 컨소시엄(CITYbuild Consortium)은 허리케인 카트리나가 지나간 후 도시문화와 건물을 재건하기 위해 12개가 넘는 건축 학교를 초대해 투레인 대학과 함께 루이지애나 주 뉴올리언스 지역의 공동체와 직접 일하도록 연결시켜주었다.[4] 1990년대 초, 하버드 대학교의 케네디 행정대학원과 경영대학원은 손을 잡고 사회적 기업을 통해서 여러 분야에 걸쳐 사회적 문제를 해결하는 방법을 찾아나섰다.[5] 현재 스탠포드 대학에는 극심한 빈곤층을 위한 기업가적 디자인에 대한 수업이 있다.[6] 영국의 샐퍼드 대학과 같은 세계 곳곳의 다른 대학들은 사회적으로 책임 있는 디자인을 연구한다.[7] 이들은 빠르게 성장하는 디자인 분야를 연구하는 많은 프로그램들 중 몇 가지 예에 불과하다.

정신과 의사이자 국제개발기업(IDE)의 설립자인 폴 폴락 박사는 이것을 새로운 '고객'층을 위해 디자인을 적용하는 '디자인 혁명'이라고 했다. 그는 젊은 디자이너들이 개발도상국 농부들의 농업 생산량을 증가시킬 저렴한 제품을 개발할 수 있도록 그들에게 귀 기울이는 방법을 가르치는 것을 돕고 있다. 국제적 비영리 단체인 IDE는 방글라데시, 캄보디아, 에티오피아, 미얀마, 니제르, 네팔, 베트남, 잠비아, 짐바브웨 등에서 프로그램을 실시하고 있으며, 지역주민들을 빈곤에서 구제하기 위해 '소득창출'이라는 시장원리를 이용한다.

미국의 산업디자인학회 내의 분과인 다수를 위한 디자인(Design for the Majority)은 10달러 이하로 하루를 사는 50억 이상의 인구들을 돕기 위해 디자인학과 교수 레슬리 스피어(Leslie Spear)에 의해 최근 설립되었다. 그녀는 현재 우리가 "세계적으로 바뀌고 있는 디자인을 논의하고 사용하는 패러다임의 중심"에 있다고 믿는다.[8] 2005년, 이 단체는 현대 디자인 서비스의 혜택을 받지 못하고 있는 '소외된 60억 인구'를 위한 새로운 시장에 대해 논의하기 위해 모였다. 유엔새천년개발목표(MDGs)에 기초하여 2006년 열린 아스펜 디자인 정상회의(Aspen Design Summit)는 디자인 공동체들에게 기업, 민간 그리고 문화 부문과 손을 잡고 개발도상국의 빈곤을 퇴치하도록 요청했다.

일부 단체들은 혜택을 받지 못하는 사람들에게 혜택을 주기 위해 서로 다른 디자인 분야를 연결하고 정보를 제공하는 역할을 했다. 국제적 모임인 '국경 없는 공학자회'(Engineers without Borders)는 위생, 에너지 분야부터 식량 생산과 물 공급분야에 이르기까지 지속 가능한 프로젝트들을 엔지니어들과 연결시켜 사람들의 가장 기본적인 생활요건의 만족을 돕는다. 인류를 위한 건축(Architecture for Humanity)은 공개경쟁을 통해 건축가들이 '성의 있는 태도로 디자인을 하도록' 요청하는데, 인도주의적인 국제적 위기를 타개하는 프로젝트들을 위한 제안으로 넘쳐난다. 브라이언 벨(Brian Bell)은 디자인봉사단(Design Corps)을 조직하여 미국봉사단(AmeriCorps)과 함께 사회적 이슈에 관심이 있는 젊은 디자이너들을 훈련시킨다. 참가자들은 구매력이 없는 저소득 농업 공동체나 이주 농부와 같은 사람들을 위한 프로젝트들을 시행한다. 이 기관들 중 일부는 소외된 90%를 위한 디자인 작품들을 선정하는 데 정보와 도움을 줬으며, 몇몇 전시나 이 책의 기고자들과 직접 일을 하기도 했다.

유엔새천년개발목표(MDGs)
목표 1 절대빈곤과 기아를 퇴치한다.
목표 2 모든 어린이에게 초등교육을 보급한다.
목표 3 성 평등을 달성하고 여성의 역량을 강화한다.
목표 4 유아 사망률을 줄인다.
목표 5 임산부의 건강을 개선한다.
목표 6 에이즈와 말라리아 등의 질병을 퇴치한다.
목표 7 환경 지속 가능성을 보장한다.
목표 8 발전을 위한 전 세계적인 동반관계를 구축한다.
유엔 웹사이트(www.un.org/millenniumgoals)에 접속하면 새천년개발목표에 대해 더 많은 정보를 볼 수 있다.

2000년, 유엔은 새천년개발목표를 선언했는데, 이는 2015년까지 절대빈곤을 반으로 줄이는 것을 목표로 선진 국가들은 자원을 투입하고, 빈곤 국가들은 정책과 정치를 개선하겠다는 협정이다. 이러한 목표 달성을 위한 움직임에 가속도가 붙고 있는데, 유명 인사들은 사람들이 심각한 문제에 주목하도록 뉴스거리를 제공하고, 타임지는 제프리 삭스(Jeffrey D. Sachs)의 영향력 있는 책 <빈곤의 종말>을 표지에 싣기도 하였다. 유엔 새천년 프로젝트의 자문관인 삭스는 개발도상국들을 위한 투자와 전략, 즉 고소득 국가들이 2015년까지 국민소득 100달러 중 70센트(GDP의 0.7%)를 국제원조에 사용하도록 제안했다. 단계적으로 짜인 이 전략은 '농촌의 생산력, 도시의 생산력, 건강, 교육, 성 평등, 물과 위생, 환경 지속 가능성, 과학, 기술과 혁신'에 집중한다.[9] 일부 사람들은 이러한 하향식 접근법에 동의하지 않았고, 반대 진영에 섰다. 전 세계은행(World Bank) 경제학자이자 작가인 윌리엄 이스터리(William Easterly)는 "현지의 적극적인 참여와 의견 개진(feed back)이 가능한 상향식 접근법이 가난한 사람들을 위한 실제적인 결과물을 가져다 줄 것이다"고 말한다.[10] 소외된 90%를 위한 디자인에 채택된 몇 가지 제품들, 예를 들어 개량된 말라리아 예방 모기장은 국제 원조 기구들에 의해 대량

그림 2. Life Straw. 디자이너:
Torben Vestergaard Frandsen.
생산자: Vestergaard Frandsen S.A.
중국과 스위스, 2005.

분배되도록 개발되었다. 한편 소형 관개(micro-irrigation) 펌프의 경우 현지인들의 참여로 만들어진 것이다.

이러한 아이디어 중 일부는 몇십 년 동안 계속 있었다. 1973에 영국의 경제학자 슈마허는 <작은 것이 아름답다: 인간 중심의 경제를 위하여(Small is Beautiful: Economics as if people Mattered)>라는 제목의 영향력 있는 책에서 그가 '불교 경제학'이라고 정의한 것에 대해 이야기했다. 여기서 그는 현지 수요를 충족시키기 위해 현지 자원으로 제품을 생산할 것을 주장했는데, 이는 적정기술의 기본 개념으로 소외된 90%를 위한 디자인에 소개된 많은 디자이너들이 지지하는 것이다.[11] 1971년, 유네스코의 제품 디자인을 맡았던 빅터 파파넥(Victor Papanek)은 <인간을 위한 디자인(Design for the Real World: Human Ecology and Social change)>을 통해 사회적 책임이 있는 디자인을 처음으로 지지한 사람들 중 한 명으로, 서구의 소비지상주의적 사회와 디자이너들을 가리키며 "인간의 기본적 필요는 디자이너들에 의해 도외시되어왔다"고 주장했다.[12] 그는 개발도상국에서 여행하고 거주하면서 버려진 깡통과 초를 사용해서 작동시키는 라디오와 같이 다수의 현지 생산이 가능한 저렴한 제품들을 디자인했다.

소외된 90%를 위한 디자인에 나온 프로젝트들은 단지 특정한 철학을 강조하기 위해서가 아니라 긍정적이고 지속 가능한 결과를 찾는 방식에 대한 토론의 장을 마련하기 위해서 선정되었다. 선정된 각각의 제품들은 특별한 스토리를 가지고 있다. 나이지리아의 한 엔지니어는 휴대용 세라믹 쿨러를 사용해서 야채를 신선하게 시장으로 운반할 수 있는 저렴한 방법을 고안했다. 스위스에서 일하는 그룹은 국제 원조 기구와 함께 휴대용 정수기를 만들어 수인성 질병의 전염을 막는다(그림2). 다양한 분야의 전문가들이 모인 그룹은 개발도상국의 문맹률을 낮추기 위해 정부에 직접 저렴한

노트북을 제공한다. 이러한 해결책들은 전 세계의 디자이너들이 세계적 빈곤이 퍼트리는 파멸을 막기 위해 사용한 다양한 수단들을 보여준다. 일부는 기본 생활조건을 충족시킬 방법을 찾고, 다른 이들은 근본적인 문제점을 지적한다. 각각은 별개로 존재하지 않고 서로 연결되어 세계의 소외된 지역의 개인, 가정, 공동체의 삶을 개선하는 데 도움을 줄 수 있는 작은 발판을 마련하고 있다.

미국에서의 혁신

처음 개발도상국을 위한 디자인에 초점을 맞추어 시작된 프로젝트가 결국은 확장되었는데, 그 이유는 개발도상국이 더 큰 문제의 한 부분일 뿐이었기 때문이다. 소외된 90%를 위한 디자인의 기초가 되는 개념을 다른 사람들에게 설명할 때마다 나는 이 개념이 미국에서 진행되는 작업들도 포함하는 지에 대한 질문을 받곤 했다. 미국에도 빈곤은 존재한다. 세계은행은 이 상태를 상대적 빈곤이라고 설명하는데, 이는 가계소득이 국가 평균보다 일정 수준 낮은 상태를 말한다.[13] 작품들이 전시와 책에 소개되기 위해 충족시켜야 하는 기준은 이들이 저렴하며, 제한된 전시장 공간 안에 들어갈 수 있는 크기여야 한다는 것이었다. 이를 충족할만한 프로젝트들이 많지 않아 보였다. 그러나 우리는 조지아주 아틀랜타에 있는 매드하우저스(Mad Housers)라는 자원봉사 단체를 만나게 되었는데, 이들은 기부 받은 재료들로 '오두막'을 지어서 노숙자들에게 임시 쉼터를 제공하고 있었다(그림1). 또한, 공공건축(Public Architecture)의 일용직 노동자 센터(Day Labor Station)도 우리의 관심을 끌었는데, 이것은 노동자들이 회의와 수업을 하고, 각종 필요한 위생시설을 설치하기 위해 직접 짓는 저렴한 이동식 센터이다.

허리케인 카트리나 이후, 루이지애나와 미시시피는 미국 내에 현존하는 소득격차를 가장 현저하게 드러냈다. 걸프 해안을 따라 경제와 문화를 재건하는 프로젝트에 관심을 갖기

그림 3. Super Moneymaker Pump. 디자이너: Robert Hyde, Martin Fisher, Mark Butcher, Adblikadir Musa. 생산자: KickStart International. 케냐, 중국, 탄자니아, 1998.

시작하면서, 나는 블로밍크 박사가 이 분야의 디자이너들을 처음 만난 아스펜 디자인 정상회의에서 시작된 두 가지 이니셔티브에 대해 알게 되었다. 나는 재건 프로젝트를 향한 사람들의 노력을 직접 보기 위해 세르지오 팔레로니(Sergio Palleroni)가 이끄는 카트리나 가구 프로젝트(Katrina Furniture Project)에 참여했고, 뉴올리언스에 있는 아트센터의 유올리언스(YouOrleans) 그룹(그림4)의 닉 하퍼마스(Nik Hafermass)와 폴 하우게(Paul Hauge)를 만났다. 미국 전역의 학생, 졸업생과 교수들은 유올리언스라는 브랜딩 캠페인을 통해 이 지역의 경제 재건을 도울 방안을 모색하고, 그들의 디자인적인 재능을 자연 재해의 여파 속에서 생존을 위해 분투하는 도시를 돕는 데 사용하고자 모였다. 이것은 전국에서 카트리나 피해자들을 돕기 위한 노력 중 일부에 불과하다. 폭풍 후에 남겨진 잔해로 가구를 제조하는 소규모 공장을 세우는 카트리나 가구 프로젝트는 베이직 이니셔티브(BaSiC Initiative)의 세르지오 팔레로니의 아이디어였다. 지역 개척 그룹인 그린 프로젝트(Green Project)와 손을 잡은 세르지오와 그의 학생들은 지역 주민들을 고용해서 폐허가 된 집에서 건져낸 200년 된 아름다운 목재를 사용해서 붕괴된 90여 개의 교회를 위한 예배용 의자와 식탁을 만드는 법을 가르치고, 지역경제의 복원을 돕기 위한 계획들을 세우고 있다. 이는 이 책과 전시회에서 논의되는 깨끗한 물과 같은 기본적인 생활요건 충족에 직접적으로 관련이 있는 다른 많은 물건들과의 차이가 있지만, 기술을 배우고, 돈을 벌고, 궁극적으로는 자립할 수 있는 경제 구조를 제공함으로써 사람들의 삶에 영향을 끼치고 변화시킨다는 점에서는 같다.

나는 텅 비고 너덜너덜해진 집들로 가득 찬 지역을 돌아본 후 뉴올리언스의 폰차트레인 호수를 바라보다가 허리케인이 몰고온 붕괴의 강도를 이해하기 시작했다. 호수는 광대해서 한 쪽 끝에서 다른 쪽 끝이 보이지 않았고, 이 호수물이 전부 뉴올리언스로 쏟아져 들어왔다. 지역 공동체와 건축학교들을 연결시켜주는 씨티빌드(CITYbuild)가 하는 일은 아시아와 아프리카의 비영리 단체가 시골의 농부들과 함께 그들이 가장 필요로 하는 것이 무엇인지 파악하기 위해 하는 일과 크게 다르지 않다. 나는 전시에 포함 시킬 7구역과 9구역의 문화와 빌딩 재건 노력의 '최고봉'인 몇 개의 디자인/건물 프로젝트들을 보았다. 마르디 그라스 인디언(Mardi Gras Indians)을 기념하는 뒤뜰 박물관(그림6)은 '춤과 깃털의 집'(Home of Dance and Feathers)과 마르디그래스 인디안협의회(Mardi Gras Indian Council Chief)의 설립자 이며, 노스사이드스컬앤드본갱(Northside Skull and Bone Gang)의 회원인 로날드 루이스(Ronald Lewis)를 위해, 페트릭 로즈(Patrick Rhodes), 프로젝트 로커스(Project Locus), 그리고 캔자스 주립 대학교의 건축학과 학생들의 도움으로 재건되었다. 루이스의 집은 그 거리에서 처음으로 재건된 집이며, 다른 이들에게 영감을 주고 있다. 이 지역의 공원에 있는 야외 햇빛 가리개(그림5)는 지역의 포치 문화기구(Porch Cultural Organization)가 다른 학생들을 만나서 재건 노력에 대해 논의할 수 있도록 캔자스 대학의 건축학 교수 롭 코르서(Rob Corser)와 닐스 고어(Nils Gore)의 지휘 아래 마을 정원에 설치되었다.

나는 걸프 해안을 따라 올라가 도착한 미시시피의 빌록시에서 이 작은 도시의 재건과 계획을 도우려고 하는 사람들을 만났다. 샤론 한쇼(Sharon Hanshaw)는 '변화를 위한 해안가 여성'(Coastal Women for Change)을 시작하여, 그녀의 지역 내에 있는 여성들이 계획되는 일에 더 적극적으로 참여할 수 있도록 했다. 이는 우리가 전시에서 강조한 것들의 범위 밖에 있는 것이지만, 공동체 디자인을 알리는 데 경제 발전과 같은 큰 요소들이 어떻게 도움을 주는지 보여준다. 작은 사업을 하던 많은 가정들은 지역을 허물고 카지노를 설립하려는 압력에도 불구하고 그 지역에 돌아와 복구하기를 원했다.

'빌록시 구제, 회복 그리고 재생 센터'(Biloxi Relief, Recovery and Revitalization Center)와 손을 잡은 '인류를 위한 건축'(Architecture for Humanity)은 잠시 대피했다가 집으로 돌아오는 가정과 건축가들을 위해 하우스페어를 주최하는 '모범 가정'(Model Home) 프로그램을 시작하여 선택 가능한 새로운 디자인을 제시했다. 디자인은 12피트(역자 주: 약 3m 60cm) 정도의 높이와 독특하게 변형된 '엽총' 모양으로 혁신적인 해결책을 제시한다.

내가 인터뷰를 하고 이야기를 나눴던 모든 사람들은 뉴올리언스와 미시시피 해안에 남아 이 지역을 다시 복원하기를 원했다. 그들은 나에게 해야 할 일이 너무 많이 남았기 때문에 지속적으로 도움을 필요로 한다는 메시지를 전달해달라고 부탁했다.

그림 4. YouOrleans. 디자이너:
디자인 아트센터 대학의 그래픽
디자인 학과; Jae Chae, Ayumi
Ito, Atley Kasky (졸업생); John
Emshwiller, Janet Ferrero,
Matthew Potter (학생); Nik
Hafermass (프로젝트 감독 및
학과장); Paul Hauge (대표강사);
Designmatters initiative와 협력.
미국, 2006-7.

그림 5. Seventh Ward 그늘 정자,
의뢰인 : The Porch Community
Center. 디자인/생산팀: 캔사스 대학
건축도시디자인학부. 미국, 2006.

그림 6. House of Dance &
Feathers. 디자이너 : Ronal Lewis.
생산자 : Project - Locus, Larry
Bowne, Caitlin Heckathom,
캔자스 주립대학과 IIT, 그리고
캘리포니아 대학 버클리 캠퍼스의
학생 자원봉사자들. 미국, 2006.

KATRINA
FURNITU
PROJECT

RE

세계적 기술이 빈곤에 지역적으로 반응하다

기술의 혁신으로 개발도상국들의 필요를 충족시키기 위해
진행되는 국제적 프로젝트들이 박차를 가하고 있다. 인터넷의
등장, 위성과 원거리 통신 장치의 이용가능성은 정보로의
접근을 더 용이하게 하고, 먼 거리에서 작업하는 것을 가능하게
하며, 국제적인 협력을 가능하게 한다. 국제개발기업(IDE)와
같은 기구는 인도나 네팔에 있는 다양한 워크숍과 회사와
소통해 함께 일하고 정보를 공유할 수 있도록 해준다. 보스턴에
있는 의사들은 '저장과 전달' 기술을 이용해 캄보디아에
있는 외딴 시골 병원에서 질병을 진찰한다. 캄보디아의
'모토맨'(motomen)은 모바일 접속을 통해 자료를 업로드하고

21

그림 7. Ceramic Water Filters, Cambodia. 디자이너: Dr. Fernando Mazariegos, Ron Rivera(Potters for Peace), 국제개발기업(IDE) 캄보디아 지부. 생산자: IDE가 설립한 지역 민영 공장, 캄보디아, 2006.

그림 8. 대형 Boda 운송용 자전거. 디자이너: WorldBike, Adam French (1단계), Ed Lucero (협력- Paul Freedman, Matt Snyder, Ross Evans, Moses Odhiambo, Jacob) (2단계). 생산자: WorldBike and Moses Odhiambo's workshop. 케냐, 2002~05.

국제적 전송을 위한 정보를 수집한다. 유럽과 아시아의 건축가들은 '인류를 위한 건축' (Architecture for Humanity)의 웹사이트를 방문하거나 이메일을 통해 공지를 받아 프로젝트에 대한 정보를 얻을 수 있다. 나는 인도, 나이지리아와 남아공의 디자이너들과 그들의 개발 업무와 디자인에 관한 이메일을 교환했다. 이제 디자이너들은 예전에는 서비스를 받지 못했던 사람들에게 서비스를 제공할 수 있다.

'위키(Wiki)' 기술 웹사이트는 웹사이트에 방문자들이 내용을 추가하고 편집할 수 있는 공동 저자 시스템을 제공한다. 자연재해에 대응하기 위해 뉴올리언스 위키 (Wiki)는 공동체와 시민단체들이 뉴올리언스의 재건 계획을 단계별로 직접 도울 수 있도록 만들어졌다. 해당 사이트에는 자원봉사자가 관리하는, 도시에 관한 여러 글들이 올라오며, 각 단체들은 이를 참고해 제안을 할 수 있다. 이처럼 일반 대중에게 더 많은 정보가 제공되기 때문에 이웃 공동체는 더 많은 계획을 세우고, 디자인하는 단계에서 더 많은 것들을 직접 투입할 수 있게 된다.

소외된 지역에 사는 사람들이 소득창출 활동에 참여하는 데에는 여러 가지 방법이 있으며, 교육을 통하여 빈곤으로부터 다음 세대를 구하는 것을 도울 수 있다. 보행자 신호판에서 볼 수 있는 밝은 빛인 LED는 멕시코에서 쓰이는 저렴한 램프에 사용되어 멕시코 사람들이 더 오래, 그리고 더 안전하게 여행하고 공부하고 일할 수 있도록 한다. 또한 LED기술은 프로젝터를 밝혀서, 소외된 지역의 여성들에게 건강관리에 대해 교육할 수 있게 하고, 아프리카와 아시아의 문맹률을 개선하는 데 도움을 주는 가벼운 마이크로필름 도서관을 더 설립할 수 있게 해준다. 전기가 없이 지내는 16억 이상의 인구들을 위한

태양 에너지를 저장할 수 있는 태양전지판은 이들을 배전망 없이도 전기를 쓸 수 있게 해주며, 그들의 생산성과 소득을 증대시킨다.

때로는 디자인이 지속적일 수 없는데, 이는 그 물건의 생산비용이 비싸고 그로 인해 그 물건을 필요로 하는 사람들이 구입할 수 없기 때문이다. 남아프리카의 헨드릭스 (Hendrikes) 형제는 물을 굴려서 이동시키는 기발한 방법을 고안해냈다(이 형제는 엔지니어와 건축가이다). 시행착오를 겪으면서 지속할 수 있는 디자인을 발전시켰으나 실수요자들이 사용하기에 이 물통은 너무 비쌌다. 좋은 아이디어였으나 그 지역의 경제 상황이 이를 유지할 수 없다는 것을 깨달은 후 그들은 이 제품의 생산을 중단했다. 그들은 이 제품을 적당한 가격에 생산할 수 있는 대안을 계속 찾는 중이다. 나는 이 책에 이 과정을 담았는데, 이는 빈곤 속에 사는 사람들을 도울 방법을 모색하고 있는 사람들을 낙담시키기 위해서가 아니라 문제에 대처하는 다른 접근법들을 보여주고, 지속가능한 해결책을 향한 모험을 격려하기 위해서이다.

디자인이 차이를 만든다

그렇다면 나는 '디자인'된 제품들을 구입할 수 없었던 세계 90%의 사람들을 위해 일을 하는 국제적인 디자이너들을 어디에서 찾았을까? 나는 그들이 대학이나 작은 비영리단체에서 깨끗한 물을 위한 저렴한 필터를 만드는 방법을 가르치고(그림 7), 인도의 농부들이 작물에 물을 대도록 대나무 발판 펌프를 디자인하고, 파키스탄 지진의 희생자들에게 임시적인 피난처를 만들어주고, 뉴올리언스와 같은 도시의 문화를 복원하고 케냐에서 시장으로 상품을 운송하는 기발한 방법을 만들고 있는 것을 보았다(그림 8). 나는 그들 중 대다수를 현장에서 일하고

있는 사람들로부터 추천받았고, 또 일부는 인도주의적 디자인에
관한 세미나나 콘퍼런스에서 알게 되었다. 내가 아는 이들
외에도, 자립적인 생활을 하는 데 어려움을 겪는 사람들에게
물과 음식, 쉼터, 교육, 건강, 교통, 에너지를 제공하는
디자이너들이 전 세계에 더 많이 있다. 이 전시회와 책은 비싼
해결책을 제공하는 것이 아니다. 오히려, 저렴하고 개방된
자원을 사용하는 디자인을 소개하여 사용자들이 이 제품들을
복제하고 판매하여 그들 스스로 기업가가 될 수 있는 수단을
제공하려는 것이다. 이 책은 많은 단체와 개인이 빈곤의 원인을
해결하기 위해 내놓는 다양한 방식을 소개하고 있다.

　한번 운동가는 영원한 운동가이다. 나는 이 책을 통해
디자이너와 대중들이 아직도 비참한 환경에 살고 있는 사람들이
무수히 많다는 사실과 우리들 중 누구라도 이들을 돕기 위해
할 수 있는 일이 무수히 많다는 것을 깨닫게 되길 바란다. 이
이야기들이 많은 젊은 디자이너들, 유명한 전문가들, 교육자들,
언론인들과 우리 개개인에게 영감을 주어 변화를 만들고 빈곤을
끝내는 데 도움을 줄 수 있기를 바란다. 도움을 주고 싶으나
디자이너가 아닌 사람들을 위해, 여기서 논의된 많은 단체와
디자이너들의 웹사이트 목록을 책의 마지막에 정리했다.

소외된

90%를 위한 디자인

세계 디자이너의 95%는 오직 상위 10%의 부자 소비자들을 위한 상품과 서비스를 디자인하는 데 온 힘을 기울인다. '디자인 혁명'이라 불릴 만한 일이 일어나지 않는다면 나머지 90%를 위한 디자인이란 것은 있을 수 없다.

많은 자동차공학자들이 우아한 형태의 최신 자동차들을 만들기 위해 열심히 일하고 있지만, 세계 대다수의 사람들은 중고 자전거도 못 산다. 디자이너들이 제품을 더 멋스럽고, 효율적이고, 오래가게 만들면 가격이 비싸지는데, 부유한 사람들은 더 좋은 제품을 위해 얼마든지 돈을 지불할 능력과 의사가 있다. 반면 부자들보다 20배나 더 많은 인구의 개발도상국에 살고 있는 가난한 이들은 얼마 되지 않는 푼돈으로 많은 생활 필수 요소들을 충족시켜야 한다. 그들은 가격만 저렴하다면 제품의 품질은 얼마든지 포기할 수 있지만, 시장에는 그들의 필요에 맞는 상품을 찾아보기 힘들다.

90%를 위한 디자인에 뛰어든 사람들은 거의 모든 현대 디자이너들의 작업이 세계 대다수의 사람들에게 아무런 영향을 미치지 못한다는 점을 간파했다. 콜로라도 대학교수인 버나드 아마데이(Bernard Amadei)는 미국 전역의 공학도들이 빈곤 국가들을 위한 저렴한 상수도 시설을 디자인하고 건설하는 일 등을 하는 '국경 없는 공학자회'와 같은 새로운 조직을 만들어 새로운 기회를 만들고 있다고 말한다. 이렇게 학생들이 소외받는 고객들을 위해 디자인으로 의미 있는 공헌을 하고 있는데, 왜 전문 디자이너들은 이 분야에 관심을 보이지 않는 것일까? 혹시 그것이 부유한 사람들을 위한 디자인보다 더 어렵기 때문일까? 아니면 그런 일로는 돈을 많이 벌 수 없다고 생각하는 것일까? 나는

그림 1. 네팔의 소규모
경작지에서 활용 중인
간이 스피링클러

이러한 편견들에 동의하지 않는다.

가난한 이들을 위한 디자인은 얼마나 어려운가?

가난한 사람들을 고객으로 생각하며 그들에게 이야기하고 그들의 이야기를 들어주는 것은 공학이나 건축학 학위가 필요한 일이 아니다. 나는 이 일을 벌써 20년 이상 계속해왔는데 가난한 사람들이 필요로 하는 것은 아주 단순하고 명백한 것으로, 그들이 구입하여 소득을 창출할 제품을 만드는 것은 비교적 쉬운 일이다. 즉, 제품의 가격이 가난한 사람들에게 적당해야 한다는 것이다.

23년 전, 소말리아에서 내가 설립한 조직인 국제개발기업(IDE)은 난민촌에서 첫 번째 프로젝트를 시작했는데, 대장장이들이 500개의 보조 짐마차를 만들어 팔 수 있도록 돕는 일이었다. 그러나 소말리아의 길은 가시와 쓰레기로 뒤덮여 있었고 펑크 난 타이어를 고치기 위한 장비들을 파는 곳도 없었다. 그래서 나는 케냐의 나이로비로 가서 타이어 구멍을 메우는 장비와 러그 렌치를 구입했다. 그 때 나는 12달러에 평생 품질보증이 되는 영국제 렌치 상당수와 6개월 사용하면 다행이었을 중국제 렌치 몇 개를 함께 들여왔다. 여기에 운송비만 더하여 지역 내 짐마차 소유자들에게 판매하였다.

놀랍게도, 중국제는 불티나게 팔리는 반면 영국제는 하나도 팔리지 않았다. 어떻게 이럴 수 있을까? 나는 우선 많은 짐마차 주인들과 이야기를 나누었다. 영국제 렌치 10개를 사기 위해서는 짐마차로 영업을 한 달 해야 하는 반면, 펑크 난 타이어를 그날 당장 고치지 않으면 그날 수입을 올릴 수 없게 되고, 결국 짐마차 자체를 포기해야 할 상황이 온다는

폴 폴락
(Paul Polak)

것이었다. 그렇기에 마치 주인들은 오늘 당장 살 수 있는 렌치를 사서 오늘 영업을 이어가고 내일도 돈을 버는 쪽을 택한다는 것이었다. 나는 가난한 이들과 대화하면서 이와 비슷한 이야기를 수도 없이 들었다. 하루에 2달러를 벌지 못하는 27억 명의 사람들에게는 그 제품을 적시에 살 수 있는지가 가장 중요한 문제인 것이다.

오직 '살 수 있는가?' 만을 고민하는 사람들

그린 베이 패커스(Green Bay Packrs) 팀의 유명한 코치인 빈스 롬바르디(Vince Lombardi)는 선수들에게 다음과 같이 말하곤 했다. "이기는 것이 전부는 아니다. 이기는 것은 우리가 해야 하는 유일한 것이다." 한 단어만 바꾸면, 가난한 이들을 위한 제품을 디자인하는 과정에도 동일하게 적용될 수 있다. "적정한 가격을 맞추는 것이 전부는 아니다. 그것은 우리가 해야 하는 유일한 것이다."

사실 구두쇠였던 나는 적당한 가격을 가장 우선순위에 두는 것이 당연하게 여겨진다. 우산이 필요하면, 나는 38달러짜리 디자이너 우산을 백화점에서 사는 대신 모든 물건이 1달러 미만인 달라라마(Dollarama, 캐나다의 '천 원 숍': 역자 주)에서 1달러짜리 검은색 우산을 산다. 나도 38달러짜리가 더 오래 갈 것이란 것은 잘 알지만 그것을 한 달 안에 어딘가에서 잃어버릴 수 있다는 것도 안다. 따라서 나는 1달러짜리 우산을 잃어버리지 않고 운 좋게 두 달 정도 더 비를 피한다면 37달러를 아낀 셈이 되는 것이다.

한 가지 큰 차이점을 제외하고는 가난한 사람들도 거의 이와 비슷하게 생각한다. 우선 그들은 1달러짜리 우산을 잘 아껴 사용하여 7년이나 쓴다는 점이다. 물론 우산은 이곳저곳에 구멍을 덧댄 흔적이 생길 것이고 손잡이에는 서너 개의 부목이 더해져있을 테지만 여전히 사용할 수 있을 것이다. 여기에는 또 다른 큰 차이점이 있다. 방글라데시나 짐바브웨에서 미숙련 노동자가 1달러를 벌기 위해서는 꼬박 이틀을 일해야 하지만, 미국에서는 10분 정도만 일하면 된다. 서구의 디자이너들이 개발도상국의 가난한 사람들을 위한 제품을 만들기 위해서는 먼저 10센트로 쓸 만한 우산을 만드는 방법을 고민하는 데서부터 시작해야 할 것이다.

한 마리 말을 만드는 데 얼마나 많은 개미가 있어야 할까?

잠비아 남부, 리빙스톤에서 25킬로미터 떨어진 먼지투성이 도로변에 살고 있는 피터 무쿨라(Peter Mukula)의 입장이 되어보자. 만일 그에게 짐 나르는 말이 있다면, 그는 리빙스톤에 있는 시장까지 야채를 운반하여 600달러를 벌 수 있다. 그러나 그에게는 말을 구입할 500달러를 구걸할 수도, 빌릴 수도, 심지어 훔칠 수도 없다. 당신은 피터의 딜레마를 해결할 실용적인 해결책이 있는가?

내가 황당한 아이디어를 하나 제시해보겠다. 피터가 '1/4 말'을 사면 어떨까? 여기서 '1/4 말'은 일반 짐 나르는 말의 1/4 크기인 말을 말한다. 이 미니어처 말의 가격은 150달러이며 한번에 60킬로그램까지 짐을 실을 수 있다. 이것으로 충분할까? 물론 피터는 한번 운반할 때마다 원래크기의 말로

운반하는 것보다는 적은 돈을 벌 것이다. 그러나 꾸준히 돈을 모은다면 더 많은 미니어처 말을 살 수 있을 것이다. 그리고 4마리가 되면, 일반 복마처럼 240킬로그램을 운반할 수 있을 것이다.

그러나 가격이 150달러인 '1/4 말'도 연 수입이 300달러에 지나지 않는 피터에게는 구입하기 어려울 것이다. 이럴 경우 피터가 구입할 수 있는 말은 한 번에 20킬로그램 정도 운반할 수 있는 50달러 가격의 '1/12 말'이 될 것이다. 이 경우 피터는 손해를 메우기 위해 자신의 등에도 20킬로그램 정도를 매고 가야 할지도 모른다. 5년이 지나야 그는 12마리의 말로 늘려서 그가 보통 복마 한 마리로 일 년에 벌 수 있었던 600달러를 벌게 될 것이다.

여기 더 황당한 아이디어가 또 있다. 만일 체중 대 운송무게 효율이 높은 개미의 힘을 동력화할 방법을 만들어내면 어떨까? 실제로 독일 한 대학의 공학수업에서 개미의 등에 아주 작은 짐을 묶어 나르게 하는 실험을 했는데 개미는 자기 체중의 30배를 실어 나를 수 있다는 것이 밝혀졌다. (참고로 사람의 경우 체중의 2배 정도만을 나를 수 있다.) 그렇다면 몇 마리의 개미가 있어야 보통 복마 한 마리가 나를 수 있는 무게를 옮길 수 있을까? 개미 한 마리는 보통 10밀리그램이니, 체중의 20배를 나른다고 치면 한 마리당 200밀리그램을 옮길 수 있다. 그러니 피터의 240킬로그램짜리 짐을 옮기려면 125만 마리의 개미가 필요하다고 볼 수 있다. 개미 125만 마리를 구하는 것은 확실히 말 한 마리를 사는 것보다는 싸겠지만, 개미의 힘을 동력화하는 것은 아주 어려운 일일 것이다.

나는 이 가상적인 시나리오를 통해 가난한 이들을 위해 디자인하는 것의 주요 과제, 즉 크기를 축소시키고, 가격을 낮추는 것을 설명하려 했다. 저렴한 디자인의 세 가지 요소 중 다음 단계는 제품을 무한대로 확장시키는 것이다.

개미에서 아스완댐까지

말을 12개 단위로 쪼개는 과정이 복잡하다고 생각한다면 이집트의 아스완댐을 수백만 개의 작은 댐으로 쪼개어 각각의 작은 댐이 나세르 호수에 저장된 물을 소형 농장에 공급하는 것으로 생각해보자. 아스완댐처럼 큰 댐은 홍수와 물 부족이라는 국제적 문제를 해결하기 위해 지어졌다. 그러나 1에이커 미만의 땅을 경작하는 극빈농들은 이 댐의 혜택을 전혀 받지 못하고 있다.

NAWSA MAD 시스템

당신은 Nawsa Mad라는 말이 어디서 왔는지 궁금해하고 있을 것이다. 이것은 아스완댐(Aswan Dam)을 거꾸로 표기한 것이다. 이는 정확히 아스완댐과 같은 방법으로 매년 찾아오는 홍수와 가뭄에 대처하는 시스템이다. 차이가 있다면 크기가 아스완댐의 4백만 분의 일에 지나지 않기에 2에이커 크기의 농장에 저렴한 비용으로 직접 물을 댈 수 있다는 점이다. 다시 말하면 이것은 위에서 말한 아스완댐이라는 짐나르는 말을 대신할 개미라고 보면 되겠다.

다른 많은 일들처럼, 나는 NAWSA MAD 시스템을 우연히

알게 되었다. 2003년 5월, 인도 마하라슈트라의 농부들을 취재하고 있을 때였다. 그들은 저가의 드립(drip) 관개시설을 이용하여 개방우물의 물을 기존의 지표면 관개시설보다 더 먼 곳까지 공급하려고 했지만, 건기에 마을에서 사용할 수 있는 유일한 수원인 60피트 깊이, 25피트 너비의 우물은 짓는 데에는 10만 루피(약 2,000달러)가 들었다. 이처럼 높은 가격 때문에 오직 25~40%의 마하라슈트라 주민만이 우물을 소유할 수 있었다. 나머지 농가들은 빗물을 이용한 경작으로 적은 수입을 올리거나 농업이 아닌 다른 일을 하며 생계를 잇는 수밖에 없었다. 그나마도 우기가 되면, 비가 폭포수처럼 밭을 쓸어갔다.

과연 우리가 저렴하고, 간단하게 이 빗물을 모아서 저장하였다가, 3월에서 5월 야채와 과일가격이 가장 높아지는 건기에 활용할 방법이 있을까? 미니어처 농장용 아스완댐을 건설하기 위하여 우리는 다음과 같은 문제를 해결해야 했다. 1) 개개인 농장에서 우기에 내린 비를 저장할 방법. 2) 빗물에서 흙과 모래를 분리해낼 방법. 3) 증발 없이 9달 동안 물을 보관할 방법. 4) 보관된 물을 손실 없이 작물까지 공급할 방법. 그리고 가장 중요한 5) 연 300달러를 버는 가난한 농가들이 구매할 수 있도록 적정한 가격에 전체 시스템을 개발하고, 첫 해부터 바로 수익을 낼 수 있어야 하며 발생한 수익으로 확장시킬 수 있는 시스템을 개발하는 방법이었다.

첫째, 둘째, 그리고 네 번째 문제에 대한 고민은 쉽게 해결되었다. 우리는 이미 빗물을 모으고, 거르고, 저장하는 다양한 빗물경작 시스템을 갖추고 있었으며 국제개발기업(IDE)이 디자인한 저가 드립관개시설은 그 물을 작물이 있는 곳으로 효율적으로 전달할 수 있게 했다. 가장 중요하면서도 부족했던 부분은 적은 비용으로 물의 증발을 최대한 막고 첫 재배기에 수익을 낼 수 있는 방법을 찾는 것이었다. 우리는 농부들이 드립관개시설을 이용해 10,000리터의 저장된 물로 고가작물을 키우면 50달러의 소득을 얻을 수 있을 것이라는 계산 하에 그 탱크의 가격을 40달러 정도로 정했다. 이는 당시 인도에서 10,000리터들이의 철분시멘트 탱크의 가격이 250달러부터 시작했다는 것을 감안하면 벅찬 목표였다. 그러나 우리는 이미 가격을 낮출 길을 고안해놓은 상태였다.

인도 전역에서는 단기간 물을 보관하기 위해 구덩이에 플라스틱을 깔아 물을 저장하는 방법을 사용한다. 하지만 이는 우리의 해결책이 아니었다. 뜨겁고 건조한 날씨 속에 그런 방법으로는 웅덩이의 물을 6개월 이상 증발 없이 보관할 수가 없었기 때문이다. 일단 기존의 방법에서 영감을 얻어, 웅덩이 안에 더 두꺼운 물주머니를 설치하기로 하였다. IDE 이사회의 일원이자, 세계적으로 유명한 물 전문가인 잭 켈러(Jack Keller)는 실린더를 사용하면 최적의 표면적 대 부피 효율을 찾을 수 있을 것이라고 지적하면서 계획을 한층 더 정교하게 만들었고 우리는 10미터 길이의 이중벽으로 된 소시지 모양 물주머니를 웅덩이에 설치하는 방법을 고안해냈다(그림 2). 이를 통해 지면 전체를 받침대로 활용하면서 애초에 목표했던 40달러짜리 10,000리터 저장 탱크를 만들 수 있었다.

정말 안타까운 사실은, 하루 소득이 1달러 미만인 12억의 사람들 중 약 9억 명은 네다섯 개의 밭으로 나눠진 2에이커의 땅에서 재배한 작물만을 가지고 연명한다는 것이다. 그리고 그들 중 극소수만이 큰 댐에서 관개수를 끌어올 수 있었다. 그들 대부분은 우기와 건기가 반복되는 지역에 살고 있는데, 가격이 적당한 저수시설과 관개시설만 있다면 수익을 올릴 수 있는 고가 작물을 재배할 수 있을 것이다.

3달러의 드립관개시설

캘리포니아에서 아몬드를 재배하는 농부들은 수만 달러를 들여서 최신 기술의 드립관개시스템을 갖추는데, 이는 작물의 수확량과 질을 높일 뿐 아니라 물을 작물의 뿌리까지 효율적으로 보낼 수 있기 때문이다. 하지만 나와 IDE에서 일하는 동료는 아주 값싼 관개시설을 생각해냈고, 그것이 바로 인도에서 3달러에 팔리는 텃밭용 소형 관개 시설이다(그림 3).

이제 인도에서는 좀 더 큰 1에이커용 관개설비 역시 기존의 1/5 가격인 160달러에 판매되고 있다. 저렴한 디자인을 위한 원칙들을 충실히 적용함으로써 관개시설의 가격을 상당히 낮출 수 있었으며, 이 관개시설은 인도 외에도 아시아, 아프리카에 진출해 소규모 밭을 위한 효율적이고, 생산적인 관개시설의 새로운 시장을 형성하고 있다.

0.25에이커의 조그만 밭에 물을 댈 때는 짧은 플라스틱 파이프에 강한 압력을 가할 필요가 없다. 그로 인해 수압을 80%가량 줄이면서 파이프 두께를 줄일 수 있었고, 또 원자재 값을 80% 아낄 수 있었다. 농민들은 우리에게 파이프를 더 얇게 만들 수 있는 방법을 가르쳐주고 파이프의 두께를 선택할 수 있게 하여 농민들이 원하는 기간만큼 쓸 파이프를 고를 수 있게 하는 것이 어떠냐는 제안도 하였다. 또한 막힘 방지를 위해 사용하던 값비싼 모래 여과기를 단순하고 가격이 저렴한 필터로 대체하고, 비싼 최신 낙수기 대신 잘 막히지 않는 플라스틱 튜브를 사용했다. 그리고 돈을 들이지 않고 수동으로 수로관을 이 고랑에서 저 고랑으로 옮길 수 있도록 했다. 마침내 농부들은 단돈 3달러로 20제곱미터의 밭에 물을 댈 수 있게 되었고 수익을 재투자해 5에이커까지 체계적으로 늘려갈 수 있었다. 이 사례는 바로 앞서 말했던 적당한 가격, 소형화, 확장성의 원리를 다시 한 번 강조해주는 사례이다.

모한 니틴은 마하라슈트라 지역에 있는 가족 소유의 2에이커 밭과 우물 하나, 그리고 5마력짜리 디젤 펌프 하나를 물려받았다. 그러나 그 우물은 곡물의 가격이 한창 높을 건기에 0.25에이커의 야채밭에만 물을 댈 수 있었다. 모한과 그의 부인, 노모와 8살, 11살짜리 딸들은 이웃 농장에서 이따금씩 잡일을 거들며 겨우 생계를 이어갈 수 있었다.

내가 방문하기 2주 전, 모한의 가족은 160달러를 들여 1.25에이커의 땅에 IDE 드립관개 시스템을 설치했는데, 이는 기존에 있던 같은 규모의 관개시설 비용의 1/7에 지나지 않는 가격이었다. 그러나 모한의 노모는 이를 위해 집안의 보석을 모두 팔아야만 했다. 그녀는 나에게 매우 환한 얼굴로 이 이야기를 해주었는데, 이제 가족들의 가난이 머지않아 끝날 것이라고 믿었기 때문이다. 모한네 가족은 그 땅에 레몬나무를

그림 2. 10,000리터들이의 물주머니. 현재 인도에서 그 활용도를 시험하고 있다.

그림 3. 3달러 관개 시설

그림 4. 짐바브웨 하라레 외곽 지역의 밭, IDE 관개시스템 설치.

심고, 땅이 쉬는 동안에는 가지와 각종 야채를 재배했으며, 곧 석류도 추가할 예정이다. 그는 이제 건기동안 이전처럼 150달러 내외가 아니라 1,000달러 이상의 수익을 올릴 수 있을 거라고 생각한다.

드립관개시설의 가격이 눈에 띄게 떨어지면서 영세 농민들은 면과 사탕수수 같은 부가가치가 낮은 작물뿐 아니라, 심지어 버팔로를 먹일 자주개자리 재배에도 이를 사용하기 시작했다(그림 4). 나는 IDE가 만든 것과 같은 저가의 관개시설이 결국 10년 후에 전 세계 관개시설 시장의 주류가 될 것이라고 생각한다.

페달을 밟아, 잘 살아보자

언뜻 듣기엔 아주 거창한 말처럼 들릴 수도 있겠지만 IDE 드립관개시설과 같은 적절한 가격의 기술들은 엄청난 시장가능성을 가지고 있는 것으로 확인되었다. 거대한 영향력을 가진 페달 펌프가 그 증거가 될 수 있는데, 이것은 발로 밟으면서 하는 운동기구처럼 페달을 밟으며 물을 끌어올리는 펌프로 지하 7미터 정도에서부터 물을 끌어올릴 수 있다(그림 5). 이런 기술을 우리가 개발한 것은 아니지만, 우리는 1달러 미만 소득의 농가에게 매력적인 제품으로 개량했다. (평균적으로, IDE 페달 펌프는 아시아에서는 40달러, 아프리카에서는 90달러 정도의 소매가에 팔리고 있다.) 약 20년 전, IDE가 방글라데시에서 처음으로 이 펌프를 팔기 시작했을 때부터, 약 123만 개 이상의 펌프가 보조금 없이 정가에 소농들에게 팔렸다. 이 펌프를 사용하여 많은 농가들이 연간 순수입을 2배 이상 올리게 되었고, 더 나은 삶과 장기적인 안정을 보장받을 수 있게 되었다.

100달러짜리 집

하루 1달러 미만으로 생활하는 이들에게 절실히 필요한 것은 아무 기술 없이 100달러만 있으면 지을 수 있고, 담보로 잡을 수 있으며, 팔 수도 있는 200제곱피트짜리 집이다. 미국과 유럽에서 주택의 가격은 점점 오르고 이로 인해 집을 소유하기는 점점 더 어려워지는 반면, 놀랍게도 1달러 미만의 수입으로 살아가는 800만 이상의 사람들이 집을 소유하고 있다. 그러나 그들의 집은 팔려고 해도 돈을 받을 수가 없고, 은행에 담보로 잡고 대출을 받을 수도 없다. 왜냐하면 이들 집은 대부분 나뭇가지들을 주어다 만든 공간에 초가지붕을 얹고, 동물의 배설물을 발라 만든 바닥으로 되어있기 때문이다. 이 집들은 시장에서 전혀 가치가 없다. 이런 집들의 주인은 그들이 감당할 수 있는 가격 내에서 실질적인 시장가치를 가진 집을 한 번도 지어보지 못했다(그림 6).

그림 5. 대나무 페달 펌프를 사용하는
모습. 인도 마하라스트라 주.

그러나 모든 마을에는 담보로 잡을 수 있고 팔 수도 있는, 벽돌이나 시멘트블록 벽에 타일지붕으로 지어진 집들도 몇 채 있다. 이 집은 주인들이 그때그때 가진 돈으로 조금씩 지은 것이 아니고 대출을 받아 지은 것도 아니다. 나는 너무도 많은 서양 건축가들이 고상하지만, 난민들이나 가난한 농촌 가족들의 소비 범위를 넘어선, 최소 900달러부터 시작하는 난민 쉼터와 농촌 거주지를 짓는 것을 보았다.

나뭇가지와 초가지붕으로 만들어진, 아무런 시장 가치 없는 집의 가장 큰 문제점은 안정된 토대와 튼튼한 골격이 없다는 것이다. 그들이 팔 수 있고, 담보로 쓸 수 있는 20제곱피트의 집을 짓기 위해 필요한 것은 8개의 튼튼한 기둥과 비가 새지 않는 지붕이다. 일단, 처음에는 기둥 사이를 진흙을 바른 나뭇가지로 채우고, 볏짚으로 지붕을 세우는 등 구할 수 있는 재료로 집을 지을 수 있다. 그리고 돈이 생기면 한 번에 벽돌 25개 정도를 구입해 진흙벽을 벽돌이나 시멘트 블록으로 바꾸면 된다.

농부들이 저렴한 관개시설, 씨앗, 고부가가치 작물의 경작 방법과 수익성 높은 시장을 확보한다면 집을 건축하는 과정의 속도도 높일 수 있을 것이다. 또한 애초부터 집이 증축하기

용이한 '레고 블록'과 같은 방식으로 디자인된다면, 그 집에 사는 가족들은 조금씩 집을 확장하여 그들이 가질 수 있을 만큼 큰 집을 가질 수 있을 것이다. 그리고 은행에 담보로 할 만한 버젓한 집이 생긴다면, 그들은 소득을 높여줄 기구와 가축을 살 때 대출을 받을 담보를 갖게 되는 것이다.

추억 만들기

가난한 이들의 생활을 변화시킬 상품과 서비스를 디자인하는 데 공학이나 건축학 학위가 필요 없다는 사실을 명백히 보여준 이가 있다. 그녀는 미국 미주리주 캔자스시의 윌로우비 디자인(Willoughby Design) 설립자인 앤 윌로우비(Anne Willoughby)로 지난 2006년 6월 '아스펜 디자인 회의'에서 이틀간 열린 '소외된 이들을 위한 디자인 스튜디오'를 마치며 사람들에게 물었다. "당신 집이 불타고 있습니다. 가족들은 모두 안전한 곳에 있고, 여러분께는 오직 하나의 물건을 가져올 시간만 있다면, 무엇을 챙기시겠습니까?" 90퍼센트 이상의 사람들이 사진앨범이나 다른 중요한 가족의 추억이 담긴 물건들을 가져오겠다고 대답했다. 하지만 가난한 지역에 사는 여성들은 가족사진도, 결혼식이나 생일과 같이 중요한 순간을

찍은 사진도 없다. 그래서 윌로우비는 그 회의에 참석했던 2명의 참가자와 머리를 맞대고 상의한 끝에, 소규모의 마을 사진 사업가를 양성하기로 하였다. 마을의 여성들은 초보자를 위한 카메라와 메모리칩 두 개 그리고 자전거를 구입할 돈을 빌릴 기회를 얻게 된다. 그들은 이를 가지고 이웃마을에 가서 다른 가족들의 사진을 찍고, 저장한 후 현상을 위해 시내로 보내고, 한 장당 20센트 혹은 원가에 10센트 정도를 더한 값에 판매하는 것이다.

윌로우비와 그녀의 팀은 가족의 추억을 만들어주며 생계를 이어갈 몇천 명의 사진 사업가들에 대한 비전을 가졌다. 이 사진 사업가들은 사진 교육뿐 아니라 가난한 여성들이 텃밭 농사에서 수익을 올릴 수 있도록 돕고 건강 정보를 제공할 수 있도록 씨앗, 관개시설, 교육 등과 같은 다른 중요 서비스에 대한 훈련을 받게 된다.

저렴한 디자인을 위한 원칙

나의 꿈은 세계 최고의 디자이너 10,000명이 몇 개의 원칙을 따름으로써 전 세계 빈곤인구가 실제로 겪고 있는 문제들에 적절한 해결책을 제시할 수 있는 발판을 만드는 것이다. 소형화, 저렴한 가격을 향한 끊임없는 추구, 무한한 확장성 이 세 가지가 저렴한 디자인의 원칙이다. 이를 실행하는 방법은 다음과 같다.

가난한 이들을 자선의 대상이 아니라 고객으로 바라보면 디자인의 과정이 극적으로 달라진다. 적정한 가격의 디자인을 하는 과정은 가난한 이들을 고객으로 삼고, 그들이 필요한 물건을 사기 위해 얼마를 지불할 수 있고, 얼마를 낼 의향이 있는지 등을 배우는 것부터 시작한다. 그리고 불확실할 때에는 항상 다음의 세 가지 '하지 마세요' 법칙에 의지한다.

"만일 디자인을 시작하기 전 최소한 25명의 고객들과 열린 마음으로 좋은 대화를 나누지 않았다면, 디자인하지 마세요."

"만일 당신의 디자인이 일 년 이내에 원금을 회수할 수 없다면, 디자인하지 마세요."

"만일 당신의 디자인이 보조금 없이 적어도 100만 명의 가난한 고객들에게 팔릴 수 없다고 생각한다면, 하지 마세요."

경제학자 슈마허는 가격 적정성이나, 시장가능성에는 충분히 초점을 맞추지 않았지만 작은 것의 미학에 관해서는 핵심을 짚었다.[1] 우리가 쓰는 보통 콤바인은 0.25에이커 규모의 작은 농장에서 탈곡은커녕, 방향을 틀 수 없을 만큼 크다. 방글라데시와 인도 농장 중 75% 이상은 5에이커 이하의 규모를 가지고 있고, 중국의 경우에는 0.5에이커 정도이다. 그리고 대부분의 작은 밭은 더 작은 텃밭으로 나누기 때문에 이 크기가 소농들을 위한 적정기술을 평가하는 기준이 되어야 한다.

1에이커의 밭에 농사지으며 살아가는 이들에게는 한 가방 가득한 씨앗보다 한 주먹 만큼의 씨앗이 훨씬 더 쓸모 있다. 오랫동안 경제학자들은 기술의 '가분성'에 대하여 이야기해왔다. 그러나 트랙터를 가져와서 작은 조각들로 나눌 수 없기 때문에 경제학자들은 이를 좀 어색하지만 묘사적인 말로 '덩어리 투자(lumpy input)'라고 한다. (이

말의 인용출처는 불분명하다.) 20킬로그램의 가방에 가득 찬 당근 씨앗은 텃밭 고랑 2개에 심을 만큼의 작은 묶음으로 쉽게 나눠질 수 있다. 관개, 경작, 추수도구와 같은 기계 기술에 이러한 분할을 시도하는 것이 저렴하게 디자인하는 데 관건일 것이다. 중앙회전식 스프링클러는 아주 효율적이지만 엄청난 돈이 들며, 160에이커의 공간에 맞도록 만들어졌다. 이스라엘식 드립관개시스템(최초의 표면드립관개시스템으로 1959년에 이스라엘에서 심차 블라스(SimCha Blass)가 만들었다) 또한 효율적이지만 돈이 많이 들고 최소한 5에이커의 이상의 밭에 적용될 수 있도록 만들어졌다. 어떻게 하면 이스라엘식 시스템처럼 효율적이고, 25달러 미만이면서 0.25에이커의 작은 밭에도 잘 맞는 드립관개시설을 만들 수 있을까?(그림 1) IDE는 이런 문제를 여러 차례 성공적으로 해결해왔지만 아직도 해결되지 않은 상당수의 문제들이 남아 있다.

가격을 낮추는 것이 영세 농민들에게 수익창출 기술을 제공하는 데 있어서 가장 기본적인 고려사항이다. 아래는 내가 저렴한 디자인을 하기 위해 만든 가이드라인이다.

제품의 무게를 줄여라

무게를 줄일 수 있다면, 가격 역시 줄일 수 있다. 이를 잘 보여주는 예는 앞서 말했던 수압을 80% 줄여 파이프의 무게와 가격을 줄였던 드립관개시설이 있다. 압력을 줄임으로써 플라스틱 벽의 두께와 무게를 80% 줄일 수 있었고, 그 만큼의 가격을 내릴 수 있었다.

불필요한 것은 버려라

잠재적인 고객들에게 제품이 얼마나 오래갈 기대하는지, 더 오래갈 수 있도록 만드는 데 얼마를 지불할 의사가 있는지 확인하고 서양 디자이너들이 당연하게 받아들이는 불필요한 것들은 제거하자.

옛날 디자인을 고려하며 앞서가자

가격을 낮추는 가장 효과적인 방법은 지금의 기술을 있게 한 역사를 거꾸로 거슬러가는 것이다.

신소재를 적극 활용하라

적당한 가격을 유지하는 한에서 구식 소재를 신소재로 대체하라.

무한히 확장 가능하도록 만들라

만일 한 농부가 1/16에이커에 물을 댈 작은 관개시설을 살 돈밖에 없다면, 그런 제품을 만들어 농부가 이를 사용해서 돈을 번 후에 그 시설을 두 배 혹은 세 배로 확장할 수 있도록 디자인하라.

다음은 내가 찾아낸, 어떤 비싼 첨단기술이라도 비용을 적어도 절반으로 줄일 수 있는 방법이다.
· 그 기술이 무엇을 하는지 분석하라.
· 분명한 가격 목표를 세워라.
· 기존제품에서 비용의 큰 부분을 차지하는 것들이 무엇인지 확인하라.

6

그림 6. 잠비아에서 흔히 볼 수 있는
시장가격 0원, 담보가치 0원인 집들.

· 큰 비용을 차지하는 것들의 성능을 조금 포기하면서
  가격을 낮출 수 있는 방향으로 디자인하라.
· 가난한 사람들을 위해 가격을 낮추기 위해서는 자본과
  노동, 품질과 낮은 가격 사이의 타협이 중요하다
· 새로운 기술은 반드시 현장 실험을 거치도록 하라.
· 만일 어떤 분야에서 사용했던 방식을 다른 분야에
  적용하려 한다면 꼭 현장 실험을 거쳐라.

결국, 여기가 블루오션이다

나는 계속 왜 90% 이상의 디자이너들이 오직 부유한 10%의
고객들만을 위하여 일하는지 묻고 싶다. 사람들이 악명 높은
은행 강도, 윌리 수톤(Willie Sutton)에게 왜 은행을 터는지
물었다. 그의 대답은 "거기가 돈 있는 곳이니까요."였다.
"디자이너들이 왜 상위 10%만을 위할까?"라는 나의 질문도
같은 대답을 가지고 있다고 생각한다.

그러나 오해는 마시라. 나는 부유한 사람들을 위해
디자인하면서 돈을 버는 사람들을 비난할 마음은 없다.
기업가정신은 응당 그에 맞는 보상을 받아야 한다. 다만
나는 아직 개척되지 않은 수백억이 넘는 잠재적 고객이 있는
큰 시장이 디자이너들에 의해, 또 그들이 속한 회사에 의해
계속해서 무시당하고 있다는 점에 놀랄 뿐이다. 이것은
디자이너들의 잘못이라기 보다는 관행을 따라가는 것일
뿐이다.

오늘날, 세계에서 가장 큰 드립관개시설 회사인
네타펌(Netafirm)에 어떻게 95% 이상의 제품들이 5%의
부농들에게 팔리는지 묻는다면 아마도 이렇게 답할 것이다.
"그들에게 돈이 있으니까요." 그러나 이렇게 생각해보자. 만일
수억 명의 영세농민들이 이 회사가 50억 달러를 투자해서 만든
1/4에이커용 세류관개시설을 50달러에 구입한다면, 이는
현재 드립관개시설 연매출의 10배에 상당한 금액이다. 이들은
앞으로 몇 천만 헥타르의 땅에 관개시설을 설치하고, 현재
드립관개시설이 설치된 전 세계의 토지면적을 5배로 늘릴 수도

있다.

점점 더 많은 수의 디자이너들이 가난한 이들의 삶을
개선해보고자 저렴한 제품을 만들기 시작했다는 것은 고무적인
일이다. 저렴한 디자인을 위한 과정의 지속적인 동력은 단
하나이다. 바로 이 분야가 돈이 몰릴 분야, 곧 블루오션이라는
사실이다.

들판에서 나는

연료

에이미 스미스
(Amy Smith)

전 세계 인구의 거의 절반이 하루 2달러 이하로 생활하고, 그 중 25억 명에 이르는 사람들이 나무, 석탄, 배설물 등을 이용해 요리와 난방을 해결한다. 산업화된 국가들에 비하면 개발도상국의 에너지 수요는 훨씬 적지만, 주된 에너지 원료로 사용되는 바이오 매스는 엄청난 건강, 경제, 환경상의 문제를 수반한다.

전 세계적으로 연간 500억 시간 이상이 땔감을 찾는 데에 소모된다. 이는 캘리포니아 주의 모든 인력이 주당 40시간, 연중 50주 동안 다른 일은 전혀 하지 않고 오직 땔감만을 구하러 다니는 것과 마찬가지이다. 경제적인 손실은 말할 것도 없고, 교육과 성 평등에도 영향을 미친다. 땔감 채집의 임무는 보통 어린이들, 그것도 대부분 여자어린이들의 몫이기 때문에 이 아이들은 학교를 빠지게 되고 결국 교육받을 수 있는 기회를 놓치게 된다. 이러한 문제는 산림파괴의 확산으로 더욱 심각해질 것이다. 가족이 필요로 하는 연료를 구하기 위해 더 먼 거리를 다니면서 땔감을 구해야 하기 때문이다.

하지만 더 심각한 문제는 나무, 배설물, 농경 잔여물을 연료로 사용함으로써 건강에 미치는 악영향이다. 1세부터 5세 사이 어린이들의 주된 사망 원인은 영양실조, 설사, 말라리아가 아닌, 실내 요리 과정 중에 나오는 연기에 의한 호흡기 질환이다.[1] 백만 명 이상이 이런 연기 속의 작은 입자가 유발하는 급성하부호흡기질환에 의해 사망하고 있다. 개발도상국에서는 극소수의 사람만이 프로판이나 등유와 같은 연료를 구입할 수 있으며, 전기는 전혀 얻지 못한다. 연구에 따르면 배설물과 나무 대신 나무숯으로 음식물 조리를 했을 때 사망률을 최소 30%나 떨어뜨릴 수 있는 것으로 드러났다.[2] 그러나 나무로

만든 숯은 심각한 환경 문제를 안고 있다. 산림파괴는 이미 많은 개발도상국에서 심각한 문제가 되었고, 나무를 태워 나무숯으로 만드는 기존의 방법은 지역 생태계를 크게 파괴하고 있다. 사람들이 나무를 잘라 그 자리에서 태우기 때문에, 이때 발생하는 열과 화학 성분의 영향으로 땅은 재생 불능한 불모지가 되고 침식작용에 더 취약한 땅이 되어 버린다. 개인의 건강을 위해서는 나무숯을 사용하는 것이 좋겠지만, 환경적인 대가가 너무 크다.

들판에서 나는 연료

'들판에서 나는 연료' 프로젝트는 이와 같은 환경적 악영향이 없는 숯을 만드는 방법을 고안해냈다. 간단하고 저렴한 도구를 이용하여 농경폐기물을 깨끗하게 태워 친환경적인 요리용 연료로 생산하는 것이다. 이 연료의 생산 방법과 과정은 특별히 일반 농민에 맞게 고안되었고, 소비자와 가까운 곳에서 생산하여 운송비를 절감하도록 했다. 또한 이것은 폐기물을 이용해 고부가가치의 생산품을 만드는 것으로써 경제적 혜택을 야기하고 소기업들에게 기회를 제공한다.

소규모 농민이나 기업가는 50달러 미만의 초기 투자만으로 숯생산 사업을 시작할 수 있다. 55갤런짜리 기름통이 숯을 만드는 가마로 개조될 수 있다(그림 1). 통에 못 쓰는 사탕수수, 옥수수 속대, 수숫대 등과 같이 탄화할 농경폐기물을 채운 후, 불을 붙이는 것이다. 몇 분 후 드럼통을 막아 산소 유입을 막으면 농경폐기물이 탄화하기 시작한다. 두 시간 후 모든 과정이 끝나면 통을 연다. 이 탄화된 재료에 카사바에서 추출한 접착 물질을 넣고(역자 주: 카사바는 타피오카 녹말의 원료로 쓰인다), 손으로 작동하는 압착기로 눌러 숯을 만든다. 카사바는 메니옥,

그림 1. 사탕수수 숯을 제조하기
위해서 기름통으로 만든 가마에 불을
붙이고 있다, 아이티.

유카, 타피오카 등으로 불리는 뿌리채소류로 개발도상국에서
널리 자라며, 갈아서(그림 2) 끓는 물에 넣으면 찐득한 죽처럼
변한다. 고밀도의 숯을 만들기 위해 고안된 압착기는 현지
대장간에서 쉽게 만들 수 있다. 숯은 햇볕에 말린 후(그림 4)
새 숯을 만드는 가마에 같이 넣어서 한 번 더 태움으로써 더
딱딱하게 만든다. 대부분의 지역에서 숯이 높은 가치를 가지는
것을 고려하면, 기업가는 3개월 만에 초기투자 자본을 되찾고
바로 수익을 낼 수 있다.

　　건강과 환경적 이점도 매력적이지만, 이 프로젝트가 성공할
수 있는 가장 큰 장점은 바로 경제적인 이점이다. 환경과 경제
또는 경제와 보건 사이에서 타협을 하지 않아도 되는 이런
프로젝트는 흔하지 않다. 이렇듯 들판에서 나는 연료 프로젝트는
윈-윈-윈이다. 이 프로젝트로 만든 깨끗하게 타는 숯은 건강에
악영향을 끼치지 않고, 이를 만들기 위해 나무를 잘라낼 필요도
없으며, 가족들이 석탄 구매에 드는 돈을 절약하고 시장에 내다
팔 수도 있어서, 생계에 도움을 주기도 한다.

　　이것은 아마 MIT가 최근 몇 년 사이, 어쩌면 몇십 년
사이 개발한 가장 간단한 기술로써, 전 세계 수백만 명의 삶에
즉각적이고 중대한 영향을 미칠 잠재력을 가지고 있다. 이제
우리는 이 프로젝트를 매년 음식조리를 위해 520만 톤의 나무를
잘라내 국토의 98%의 산림이 파괴되고,[3] 한 끼의 식사를 위해
음식 재료비보다 연료비에 더 많은 돈이 드는 곳인 아이티에
집중하고자 한다.

　　원래 우리는 평화봉사단(Peace Corps) 단원과 학생들이
폐지를 재료로 숯을 만드는 제조기의 처리량을 높이는
프로젝트에 참여했었다. 여기서 우리는 아이티에서 조리에
필요한 대체 연료의 필요성과 그 생산법을 알게 되었다.
학생들은 숯 압축기를 개선해서 생산량을 세 배로 높였지만,
폐지숯은 나무숯만큼 잘 타지도 않았고 연기가 많이 났다.
이에 우리는 나무숯처럼 깨끗하게 타면서도 폐기물을 원료로
사용하는 숯의 개발을 시작했다. 시장에 판매 중인 나무숯과
경쟁할 수 있는 상품을 현지 상황에 효과적인 절차를 통해
개발해야 했던 것이다.

　　먼저 마을에서 어떤 폐기물을 쉽게 구할 수 있는지를 조사한
후, 즙을 짜내고 버려진 사탕수수 줄기가 매우 많다는 것을 알게
되었다. 또한 연소 시 연기가 많이 나지 않는 조리용 연료를
만들기 위해서 이 줄기가 적절하다는 것도 깨달았다. 첫 번째
과제는 간단하고 저렴하게 이 줄기를 숯으로 만드는 방법을
찾아내는 것이었다.

　　처음 몇 달 동안 우리는 MIT에서 기술개발에 집중했다.
우리는 55갤런 짜리 드럼통을 가마로 사용했는데, 이는 이
드럼통이 개발도상국에서 널리 사용되고, 고온에서 양질의
숯을 만들기 위해 공기의 흐름을 늘릴 수 있도록 쉽게 개조될
수 있기 때문이다. 그 다음은 연소된 재료를 부셔서 숯
모양으로 만드는 단계이다. 이를 위해서는 숯 가루들을 붙일
수 있는 물질이 필요했다. 그때, 가나에서 온 학생 하나가
콘콘테(konkonte)라고 불리는 카사바로 만든(그림 3)
매우 끈적끈적한 죽을 제안했다. 소량의 콘콘테만으로도
숯가루의 점성이 높아져 우리는 손으로 숯을 만들어낼 수
있게 되었다(그림 5). 우리는 전 과정을 시험해보려고 했으나

그림 2. 접착 물질로 사용되는
카사바를 갈고 있다. 아이티.

그림 3. 시장에서 카사바 죽을 쑤고
있다. 가나.

그림 4. 사탕수수 숯을 햇볕에 말리고
있다. 아이티.

사탕수수 줄기가 없는 매사추세츠주의 케임브리지에 위치한
MIT에서는 불가능했다.

정치적으로 불안정한 상황 때문에 바로 아이티로 갈 수는
없었지만 1년 정도 후 상황이 나아지면서 우리는 이 과정을
완성하기 위해 쁘띠땅스(Petit Anse) 마을로 가게 되었다.
관건은 바로 연소 시간이었는데, 이 시간이 너무 짧으면 줄기가
탄화되지 않고, 너무 길면 다 타버렸기 때문이다. 그래서
우리는 며칠간 이 문제를 자세히 연구했다. 우리는 에꼴
샤봉('숯학교')에서 첫 번째 교육을 실시했고 여기서 만든 숯
샘플을 테스트하기 위해 MIT로 가져왔다. 우리는 사탕수수 숯과
나무숯을 비교하는 실험을 했고, 우리가 만든 숯이 연기는 더
적게 나지만 연소시간이 나무숯의 절반밖에 되지 않는다는 것을
밝혀냈다. 게다가 사탕수수 숯은 타는 과정에서 부서지며 떨어져
나간 조각들이 연소가 되지 않았다. 우리는 잘 붙어 있으면서도

나무숯만큼 오래 탈 수 있는 숯을 생산할 방법을 찾아야만 했다.
다시 연구실로 돌아와 우리는 고밀도 숯을 만드는 법에 대한
실험을 시작하였고 얼마 지나지 않아, 나무숯만큼 오래 타는
사탕수수 숯을 손으로 만들 수 있는 장치를 개발했다(그림 5,
7). 몇 번의 디자인 수정 끝에 산출량은 두 배로 늘리고 비용은
줄이고 제조성은 더욱 높일 수 있었다. 하지만 문제가 하나 남아
있었다. 이 숯들은 연소 시에는 부서지지 않았지만 운송 중에는
쉽게 부서지는 것이었다. 이후 고민을 하던 우리는 뜻밖의
발견으로 숯의 강도를 높이는 법을 찾을 수 있었다.
매사추세츠주의 봄은 비가 많이 오기 때문에 숯을 볕에 말릴
수 없었는데, 우리는 오븐에서 저온으로 숯을 구움으로써 볕에
말리는 과정을 실험해보게 되었다. 이 과정에서 숯을 굽는 것이
볕에 말리는 것보다 훨씬 더 숯의 강도를 높이고, 숯을 말리는 데
효과적인 방법이라는 것을 발견했다. 추후 연구를 통해 섭씨

150도 이상에서 건조를 시키면 숯의 강도가 크게 증가한다는 것이 밝혀졌다. 이제 문제는 기타 장비나 에너지의 사용 없이 어떻게 이 지식을 이용해 더 강한 숯을 만드느냐에 있었다.

우리는 사탕수수 줄기를 태울 때 나오는 열 자체를 이용해 숯을 굽고 강도를 높이는 방법이 분명히 있을 것이라고 생각했다. 우리는 가마를 닫자마자 그 위에 목탄을 올려놓아 보았지만, 일단 가마가 닫히자 숯을 강하게 하기에는 너무 빨리 열이 식어버렸다. 다음으로 연소 중의 가마 가장자리에 숯을 놓아보았더니 온도가 너무 높아 숯이 모두 타버렸다. 마지막으로 우리는 가마를 닫아버리면 산소가 없는 내부에서는 숯이 다 타버리지 못할 것이라는 믿음을 가지고 가마를 닫기 직전에 숯을 가마 속에 넣어보았다. 이 방법이 성공하였고 시장으로 운반하는 데에 문제가 없는 단단한 숯이 만들어졌다. 이제 우리는 더 많은 이들에게 이 방법을 소개할 준비가 된 것이었다.

우리는 마을사람들과 농부들로부터 의견을 듣기 위해 전 세계 곳곳을 다니며 이 기술을 소개하기 시작했다. 아이티에서는 지역사회의 파트너들이 발전시킨 개선점을 수렴하였고, 가나에서는 더 많은 변화를 줘서 다른 종류의 폐기물을 연소시키는 실험을 했다. 가장 유망한 발견은 옥수수 속을 이용하는 것으로, 연소과정에서 모양이 하나도 변하지 않아 가마에서 꺼낸 후 바로 사용할 수 있다는 장점이 있었다. 즉 서로 접착시켜서 압축기로 찍어내는 과정을 줄임으로 숯 제조업의 초기투자비가 10달러로 줄어들게 된 것이다. 이제 농부들은 숯사업을 시작한 지 일주일 이내에 수익을 낼 수 있다.

현재 우리는 숯 프로젝트를 아이티에 보급하기 시작했고, 향후 몇 년 안에 전국적인 프로그램으로 확대하기를 기대하고 있다. 우리는 숯 제조기술을 거의 백 명의 사람들에게 훈련시켰고, 계속해서 그들과 함께 일하며 의견을 듣고 교훈을 나누며 앞으로 나아갈 것이다.

숯 프로젝트는 D-Lab(여기서 D는 Development(개발)-Design(디자인)-Dissemination(보급)을 뜻한다)에서 진행하는 여러 기술 중 하나이다. 우리는 지역사회가 수자원의 질을 감시하고 유지할 수 있게 도와 농부들의 작물 생산에 도움을 주는 기술을 개발하고 있다. 또한 시골 보건소와 현장 연구소의 역량 강화를 위해 기자재를 개발하고 있으며, 90%의 사람들을 위한 디자인을 할 수 있는 신세대 디자이너들도 훈련시키고 있다.

개발도상국을 위한 디자인을 할 때 내가 특히 중요하다고 생각하는 것은 디자이너들이 그 제품이 사용될 곳과 그 제품을 사용할 소비자들에 대해 잘 이해하고 있어야 한다는 것이다. 지금 보츠와나에서 일하고 있진 않지만 과거 보츠와나에서 평화봉사단원으로 활동할 때의 경험, 특히 몰레폴롤레(Molepolole) 마을에서 일했던 나의 경험이 이 문제를 이해하는 데 매우 중요한 역할을 했다. 그곳에서 나는 머리에 물을 이고 나르면서 양동이가 얼마나 무거운지를 알았고, 수수를 가루로 만드는 것이 얼마나 허리가 아픈 일인지 알았다. 또 아침 식사를 위한 물을 끓이기 위해 새벽 5시에 일어나 땔감을 구하러 가야만 했다. 나는 이런 것들을 당시 내가 살던 집 주인인 테발로에게 배웠고, 또한 평범한 아프리카 여인에게

요구되는 많은 의무에 대해서도 알 수 있었다(그녀는 경이로울 정도의 강인함으로 대처했다). 나는 테발로와 함께 지낸 한 달 동안 물을 흘리지 않고 집으로 이고 오는 방법을 배웠고, 곡식을 빻는 중에 절구를 뒤집어 모래에 다 쏟는 실수도 하지 않게 되었으며, 마실 물을 끓이기 위해 빠르고 효율적으로 불을 붙이는 방법도 배웠다. 그런 과정에서, 디자이너로서 물을 나르고 곡식을 빻는 기술의 중요성을 이해하게 된 것이다. 불을 피울 땔감을 위해 얼마나 많이 걸어야 하는지 알게 되었고, 산림파괴의 영향과 대체 연료의 필요성까지도 절감했다.

국제개발 수업을 진행하면서 나는 이런 지식을 전달하려고 노력한다. 더욱 중요하게는, 학생들이 지역 상황에 공감할 수 있는 디자이너가 될 수 있도록 경험을 쌓게 한다. 한 과제로, 학생들을 일주일에 2달러만으로 생활하게 함으로써 자원이 부족할 때 포기해야만 하는 것들에 대해 이해할 수 있도록 돕고 있다. 첫 학기를 마치면 학생들은 개발도상국을 방문하여 지역사회 파트너와 함께 현장에서 일할 수 있는 기회를 갖게 된다. 나는 그들이 그곳에 있는 동안 물이 가득 찬 양동이를 머리에 얹어 보고, 손에 공이를 쥐고 곡식을 빻는 경험을 해보기 바란다. 나는 학생들이 개발도상국의 복잡함과 한계를 공학 분야의 문제점으로 인식하기 위해서 기술과 디자인에 대한 생각을 바꿀 수 있게 하는 기회를 제공하였다. 또한, 나의 디자인 철학을 그들과 나눌 수 있는 기회도 가지고 있다.

개발도상국을 위한 디자인에 대한 내 접근법에 영향을 미쳤던 세 번의 변혁이 있었다. 뒤돌아보면 당연한 상식 같이 보이지만, 모두 해당 지역사람들을 위한 디자인으로 하나같이 새로운 접근법을 가지고 있었다. 첫 번째는 1970년대 초 슈마허의 작업에 기초한 적정기술 운동이었다. <작은 것이 아름답다>라는 책을 통해, 그는 처음으로 개발에 있어서 기술의 맥락과 규모를 고민한 사람들 중 하나였다. 지역에서 구할 수 있는 재료와 그 기술을 사용할 수 있는 인적자원의 조화를 통해 일자리를 창출할 수 있는 기술의 필요성을 강조하였다. 두 번째 변혁은 참여적 개발이라는 접근법이었다. 지역사회 구성원들이 아니라 주위환경에 맞게 개발된 기술은, 디자이너가 나름대로 생각한 지역사회의 당면 문제를 반영했다. 참여적 개발이란 지역사회의 구성원들이 그들이 가진 문제와 자원을 알아내는 데 참여하는 것을 말한다. 이를 통해 개발 사업은 지역사회가 진정으로 원하는 것에 더 잘 응할 수 있게 될 뿐만 아니라 차후에 더 잘 유지된다. 세 번째 현재 진행되고 있는 변혁은 단순하게 해답을 제공하기 보다는 해답을 찾아내는 데에 필요한 기술들을 가르쳐주는 공동창조 개념이다. 사용자들에게 기술을 투명하게 만들고 디자인 과정에 지역사회를 포함시킴으로써, 사용자들은 궁극적으로 혁신을 만들고 생산품의 개선에 기여할 수 있는 힘을 갖추게 된다. 더 나아가 훨씬 다양한 문제들에 대한 해답을 찾아내는 능력을 습득하게 되는데, 이런 변화는 종종 놀라운 방법으로 지역사회의 힘을 강화시킨다.

숯 프로젝트를 뒤돌아보면, 가장 기억에 남는 것은 훈련을 위한 세미나에 참가한 사람들의 열정적인 반응이었다. 많은 아이티인들은 산림파괴에 대해 걱정하고, 한정적인 조리용 연료에 좌절과 슬픔을 느끼고 있었다. 인프라와 자원의

그림 5&7. 프레스를 사용해서 고밀도 숯을 만들고 있다. 가나.

그림 6. 옥수수 속대를 사용헤서 숯을 만들고 있다, 가나.

부족으로 실질적인 대안을 찾기도 힘들었던 상황을 간단한 기술이 바꾸었다. 이제는 그들도 한 개인으로서 어떻게 하면 산림파괴를 막는 데 도움을 줄 수 있는지 알고 있다. 이 지식을 알게 됨으로써, 그들은 세상을 바꾸는 데 필요한 기술을 습득한 것이다.

그들에게 수익을 안겨줄 디자인을 하라!

마틴 피셔
(Martin Fisher)

공학자인 나는 지구촌 빈곤을 퇴치하는 데에 있어서 기술이 핵심적인 역할을 할 거라는 확신을 가지고 있다. 특히 닉 문 (Nick Moon)과 함께 킥스타트(Kick Start)를 설립한 1991년 이후로, 빈곤퇴치를 위한 기술을 찾고 개발하는 것은 20년 넘도록 내 필생의 사업이었다. 우리가 만든 도구와 기술들이 벌써 23만여 명의 아프리카인들에게 가난으로부터 벗어나도록 도움을 주었지만 이는 아직도 그들에게 무엇이 필요하고, 우리가 무엇을 할 수 있는지에 대해서 수박 겉핥기로 파악한 것에 불과하다. 그동안의 여정은 실패와 성공과 많은 교훈들을 배울 수 있었던 흥미로운 과정이었다.

1985년, 나는 스탠포드대학교에서 기계공학 박사학위를 마친 후 이 길에 접어들었다. 나는 졸업 후 대학에서 강의를 하거나 국방부 혹은 대형 정유사에서 연구를 하는 것에 큰 관심이 없었기에 내 미래에 대해 숙고해볼 겸 안데스 산을 등반하러 페루에 갔다. 그곳에서 나는 처음으로 극심한 빈곤을 목격하였고, 모든 문명들이 기술과 발명을 통해 어떻게 역사 속에서 진보해왔는지 생각하기 시작했다. 내 공학기술을 가난한 이들을 위해 쓰겠다는 결심을 하고 페루에서 돌아온 나는 케냐에서 적정기술 운동 연구를 위해 풀브라이트 장학금을 받을 수 있었다.

적정기술 운동은 1970년대 중반, 슈마허의 저서 <작은 것이

그림 1. Maraga 지역의 Kaharati에서 온 농부인 Samuel Gichara가 프랑스 콩을 팔고 있다.

그림 2. Super moneymaker 펌프 위에 있는 농부. 나이로비 외곽, 케냐

아름답다>에서부터 시작했다. 그는 가난한 자들이 소규모의, 지역 중심의 기술을 가짐으로써 빈곤에서 벗어날 수 있다고 했다. 이 개념은 순식간에 개발 집단에서 유행처럼 번져나갔다. 그러나 내가 1985년에 아프리카에

도착했을 때 적정기술 운동은 이미 사망선고를 받은 것과 다를 바 없었다. 다시 말해, 개발 시행기관들은 지속되지도 못할 효과를 위해 수백만 달러를 쏟아부은 셈이었다. 나는 본래 케냐에 열 달만 머무를 작정이었으나 무려 17년이나 머물렀다. 케냐에서의 첫 해를 적정기술 운동의 어떤 점이 잘못되었는지 연구하면서 '통합 지역개발 프로그램'을 이행하려는 큰 규모의 비영리단체와 함께 일했다. 이 프로그램은 새로운 트렌드가 되었는데, 폭넓은 개발 자원들을 한 지역에 투입함으로써 사람들을 빈곤에서 탈출시켜준다는 생각이었다. 우리는 여기에 최첨단 기술을 사용했는데, 몇 년 뒤 그 마을에 돌아가보니 지속적인 효과는 아주 적다는 것을 알게 되었다. 우리가 지은 마을의 수도시스템은 무너져가고 있었다. 우리가 교육시켰던 소득 창출 그룹은 없어졌고, 그들에게 내주었던 물건들은 자립심을 주기보다 의존성을 심어주게 되었다. 너무 실망한 나는 무엇이 잘못되었고 이를 어떻게 고칠 수 있을지, 지난 40여 년간 수십억 달러를 들인 개발 프로젝트들이 실제로는 왜 아프리카를 더 깊은 가난으로 몰아넣었는지 이해하려고 노력했다. 이 기간 동안 닉을 만나 긴밀하게 협력했는데 이때 우리가 배운, 그리고 지금도 계속해서 배우고 있는 교훈들이 킥스타트의 설립을 위한 초석이 되었다.

내가 배운 가장 중요한 교훈들 중 하나는 세계에서 가장 빈곤한 사람들이 생존을 위해 노력해야만 하는 가장 기업가적인 사람들이라는 것이었다. 그들은 자선이 아니라 기회를 원했다. 닉과 나는 이 근본적인 사실에 초점을 맞춰 킥스타트를 설립하였다.

나는 소외된 90%를 위한 디자인이 다른 사람들에게 영감을 주어 그들이 디자인과 혁신을 통해 사회 문제를 다루게 하길 바란다. 이 목표를 위해 빈곤을 줄이는 데 기술이 어떻게 사용되는지 그동안 우리가 했던 가장 중요한 경험 몇 가지를

그림 3. 머니메이커 블럭 프레스(Money maker block press)를 사용해서 벽돌을 제조하고 있다. Jinia, 우간다.

그림 4. 케냐의 나이로비에 사는 테레시아 무코시(Teresia Mukoshi)가 케냐 세라믹 지코(Kenya Ceramic Jiko)를 사용해서 노란콩을 요리하고 있다.

공유하고자 한다.

중요한 것부터: 소득

내가 단 한 가지 조언만 할 수 있다면 바로 이것, 가난한 사람들이 가장 원하는 것은 돈을 벌 수 있는 방법이다. 오늘날 세상의 모든 사람들은 가족을 먹이고, 옷을 사고, 집을 짓고, 의료비를 내고, 또 아이들을 교육시키기 위해서 돈이 필요한 화폐경제 속에 살고 있다. 아프리카의 극도로 가난한 지역에서조차, 더

이상 자급자족의 생활을 할 수 없으며 돈을 벌 방법이 없는 사람들은 생존하지 못한다. 개발도상국들을 위한 디자인을 하는 디자이너들은 이 기본적인 사실을 너무도 자주 망각한 채, 가난한 자들의 삶을 조금 더 편하게 만드는 데에만 집중한다. 하지만 빈곤퇴치에 의미 있는 영향력을 발휘하기 위해서는 그들이 직접 수익을 창출할 수 있는 기술개발에 초점을 맞출 필요가 있다(그림2). 즉, 고안된 장비들은 지역사회의 시장을 통해 판매될 수 있는 재화나 서비스를 생산하는 데에 사용되어야 한다는 것이다. 그래야만 장비를 소유한 사람이면 누구라도 이를 이용해 돈을 벌 수 있을 것이다. 이것이 킥스타트의 기본 원칙이다.

대다수 빈곤층은 시간과 노동력이 부족하지 않다

가난한 사람들이 시간과 노동력을 절약할 수 있도록 하는 장비를 디자인하는 것은 꽤나 구미가 당기는 이야기다. 어쨌든 우리는 이러한 장비들을 위해 기꺼이 돈을 지불하니 말이다. 하지만 빈곤층은 시간과 노동이라는 자원을 풍족하게 가지고 있다. 그들에게 시간과 노동력 절감이 돈을 버는 데 도움이 되지 않는 이상, 그들은 이런 장비에 투자하지 않을 것이다. 예를 들어, 사람들은 물을 공짜로 얻을 수 있어도 마실 물을 얻기 위해 자기 집 앞마당에 우물을 파지는 않을 것이다. 심지어 그 수원(水源)이 수 마일 떨어진 곳일지라도 말이다. 그들은 물 긷는 데 걸리는 시간을 절약하는 것이 우물을 파는 데 드는 초기 투자비용만한 가치가 없다는 결정을 내린다. 그들에게는 이 돈을 차라리 음식, 의복, 보금자리, 건강, 교육 등에 쓰는 것이 낫기 때문이다.

금전절약형 장비들은 가격이 쌀 때에만 통용된다

어떤 장비들은 사용자로 하여금 돈을 절약할 수 있도록 고안되었다. 그러나 극도로 가난한 사람들은 하루 벌어 하루 사는 형편이기 때문에 한 푼이라도 벌면 그때그때 써버린다. 그들에게는 저축할 돈도 없을 뿐더러 금전절약형 장비에 투자할 돈은 더욱 없다. 아프리카의 가난한 사람들은 식용유와 양념은 티스푼 단위로, 케일은 한 잎사귀씩 사고판다. 유용할 현금이 없다는 것은 그들에게 가장 큰 제약이며, 그들이 신용대출을 받지 않는 이상 비용절감을 위한 상품에 투자하기는 어렵다.

여기에 몇 가지 예외가 있는데 이것들은 연구하기에 매우 유용하다. 케냐 세라믹 지코(the Kenya Ceramic Jiko, KCJ)는 1980년대 초반 처음 제작된 나무숯을 활용한 효율적 연료 화로이다. 이것은 보통 나무숯 화로보다 40%나 더 효율적이지만 2달러 정도만 추가하면 된다. KCJ사용자들은 나무숯을 적게 사용하므로 돈을 절약하며, 동시에 산림 황폐화의 가장 큰 원인 중 하나인 나무숯의 수요를 줄일 수 있다. KCJ 판매가 본궤도에 오르기 전까지 15년간 마케팅에 수백만 불의 기부금을 들여야 했지만 현재는 70%의 시장점유율을 보이고 있다.

만약 가난한 사람들이 돈을 절약할 수 있게 해주는 아이디어를 바탕으로 상품을 발명하려는 사람이 있다면, 여기 그들을 위한 가이드라인이 있다. 그 상품은 그 지역 시장에서 파는 닭고기와 비슷한 가격에 팔려야 한다. 닭고기는 극빈층도 가끔 부릴 수 있는 사치이기 때문이다. 가격이 이 정도로 저렴하고 향후 비용 절감량이 상당하다면, 이는 성공적인 상품이 될 것이다. 만약 가격이 훨씬 비싸다면(예를 들어 태양전지 랜턴처럼), 보조금이 제공되지 않는 한, 기초 욕구를 모두 충족하고도 남을 재력을 가진 중산층만이 구매할 수 있을 것이다.

나중이 아닌 지금의 소득

가난한 이들을 위한 새로운 도구나 기술들은 반드시 짧은 시간 안에 상당한 수입을 주어야 한다. 따라서 투자 회수기간이 길거나 수익이 악화된다면 그들은 몇 달 동안 배를 곯을 것이다. 전 세계 대다수의 빈곤자들이 시골 농사꾼이기 때문에, 우리는 '농장 시간'으로 생각해볼 필요가 있다. 농부들은 그들의 자본을 땅에 투자하고(씨앗, 비료의 형태로), 3~6개월간 투자액의 환수(재배)를 기다리는 데 익숙해져 있다. 이것이 우리가 사용하는 또 하나의 디자인 원칙이다. 우리의 제품은 무조건 6개월 내에 (3개월이면 더 좋겠지만) 본전을 뽑아야 한다.

그들을 이해하고 그들의 문제 해결하기

전 세계 빈곤층을 위한 디자인을 할 때 '우리'가 생각하기에 '그들'에게 필요한 것에 집중하는 경우가 너무도 많다. 우리가 도우려는 사람들이 진정으로 무엇을 필요로 하는지에 대한 이해도 없이, 우리가 정의내린 문제점을 해결할 디자인을 한다. 태양열 조리기구가 대표적인 예이다. 사용자들이 태양에너지를 이용해 음식을 익힐 수 있는 아주 영리한 디자인의 조리기구들이

있다. 이러한 제품들의 목표는 벌목되는 나무의 수를 줄이고, 지구 온난화를 늦추고, 땔감을 구해오는 시간을 절약하는 것이다. 이는 칭송받아 마땅한 목표이나, 현실과 동떨어져 있다. 사실 대부분의 가난한 가정들은 모든 일이 끝난 저녁 때 하루 중 가장 푸짐한 식사를 준비한다. 그들은 그들이 무슨 요리를 하는지 이웃들이 볼 수 없도록 집 안에서 요리하는 것을 선호하는데, 요리할 때 쓰는 불로 난방, 조명, 모기퇴치까지 해결한다. 게다가 빈곤 가정은 제품 값이 아주 싸거나 조리용 연료를 어디에서도 구할 수 없는 경우가 아닌 이상 태양열 조리 기구를 살 리가 만무하다.

관개(灌漑)의 힘

킥스타트는 흙과 시멘트로 만든 건축용 벽돌 등 저비용 건축자재를 만드는 방법을 개발하는 것부터 시작했다(그림3). 그 후에는 해바라기 씨에서 식용유를 짜내는 기술을 개발했다. 1997년, 우리의 영향력을 키우기 위해서는 아프리카 빈민의 80%에 달하는 소규모 농민들을 위한 해결책에 초점을 맞춰야 함을 깨달았다. 그들은 한 가정 당 1에이커도 안 되는 작은 땅에 의존해 생계를 꾸려가고 있다. 그들의 가장 큰 자산은 땅이며 가장 큰 능력은 기초 농작 기술이다. 우리는 그들이 이 자산을 활용하도록 도와야 했으나 부족한 관개시설이 문제였다. 관개시설만 있다면 농부들은 일 년에 한두 번 우기 때만 농사를 짓는 것이 아니라 일 년 내내 농사를 지을 수 있게 된다. 그들은 과일이나 채소 같은 고부가가치의 농작물도 경작할 수 있으며 무엇보다 좋은 것은 곡식이 귀하고 값이 오르는 건기 때에 시장에 내다 팔 수 있다는 것이다(그림1). 그러나 아프리카의 가난한 농사꾼들은 관개를 위한 기름펌프를 살 돈이 없고, 전기를 끌어다 쓰는 사람은 더더욱 없다. 그리하여 우리가 개발한 것이 인력으로 작동하는 저비용 관개 펌프인 '머니메이커 펌프'이다. 이 가볍고 이동 가능한 펌프는 최고 20피트(역자 주: 약 6m) 깊이의 우물이나 강, 연못에서 물을 끌어다가 호스로 물을 뿌려서 효과적으로 농토에 물을 댈 수 있다(그림 6).

자선을 피하라. 의존이 아닌 존엄을…

킥스타트는 처음부터 제품을 판매해왔다. 우리는 펌프를 무상제공하지 않는데, 이에 대해 일부 논란도 있었지만 우리는 아래의 몇 가지 이유를 근거로 이 입장을 확고하게 유지하고 있다.

첫째, 우리는 지속가능한 빈곤 해결책을 만들고자 하며, 무상제공은 지속가능한 방법이 아니다. 펌프의 '판매'를 통해 우리는 지속가능한 공급망을 만들 수 있었다. 즉, 공급망 내의 모든 당사자는 펌프, 예비품, 부속품을 만드는 데 이권을 가지고 있는 것이다.

둘째, 우리는 가능한 최대로 비용 효율적, 즉 최소한의 돈을 들여 가능한 많은 사람을 빈곤에서 구제하는 일을 하고자 한다. 사람들이 돈을 주고 물건을 사면, 그 물건을 더 가치 있게 여기고, 더 많이 사용하게 된다. 이 초기사용자들은 더 열정적이고, 더 기업가적이며, 더 성공할 가능성이 크다. 이들의 성공은 신중한 이웃과 친척들을 고무시킬 것이다. 그러나 무상제공의 경우에는

5

많은 수의 초기 실패가 따르고, 기술은 꽃조차 피워보지 못할 것이다.

제아무리 대단한 기술력도 공급망과 판매촉진 방안이 없다면 아무런 영향력도 가지지 못할 것이다. 짐작건대 적정기술 움직임이 실패한 가장 큰 이유도 경제학의 기본 규칙을 무시한

공급망을 사용하려 한 데에 있지 않나 싶다. 이 움직임은 개별 소비자나 전국에 퍼져있는 지역 기술공들이 새로운 도구나 기술을 개발할 것이라는 장밋빛 생각에 의존했다. 이 방법이 더 지속가능하고, 지역사회에 일자리를 창출할 것이며, 가치 있는 신기술을 제공할 것이라고 말이다. 이 아이디어는 매력적이지만 근본적인 결함이 있다. 당신이나 나는 직접 자동차, 컴퓨터, 잔디 깎기, 휴대폰을 만들 수 없기 때문이다. 이것들은 대량으로 큰 공장에서 생산된다. 집적화에 의해 가능해진 규모의 경제는 상품의 가격은 낮추고, 질과 내구성은 높인다. 킥스타트도 이와 똑같이 작동한다. 가능한 공장 중 가장 발전된 공장에 생산을 집적화시켜 고품질의 오래가는 제품을 낮은 가격에 생산할 수 있다(그림 7,8). 도매상과 소매상은 이 상품을 공장에서 시장으로 운반하고, 이 과정에서 이윤을 남긴다. 3개국에 500개가 넘는 소매상 공급망들이 우리의 펌프를 사고판다. 이 공급망은 어떤 인위적인 지원도 필요로 하지 않으며 소비자 수요가 있는 한 계속 존재할 것이다. 킥스타트는 또한 기부금을 이용해 신기술을 시장에서 거래하고 수요를 발생시킨다. 모든 신상품이 그렇듯 처음엔 시간과 돈이 들게 마련이다. 비싼 아이템을 가난한 사람에게 판매할 때는 더 오랜 시간이 걸리고, 더 큰 비용이 든다. 케냐 세라믹 지코(KCJ)는 그 완벽한 예다. 그러나 결국엔 마케팅에 더 이상 비용을 투입하지 않고도 펌프 하나당 제값을 받으며 팔 수 있는 시점에 도달할 것이고, 재투자를 통해 신기술 개발과 신 시장을 개척할 수 있을 것이다. 이것이 지속가능한 공급망이다.

세 번째로, 공정성의 문제가 있다. 나는 가난한 자들에게 미래에 대한 투자를 종용하는 것이 공정치 못하다는 말을 들은 바 있다. 그러나 여럿이 똑같이 가난한 상황에서 한 사람, 혹은 한 마을에만 공짜로 물건을 제공하는 것은 공정하다는 말인가? 우리는 우리의 상품을 시장에 유통시킴으로써 편애나 보조 없이 모든 사람이 상품을 구입하게 할 수 있다. 이것은 어쩌면 세상에 좋은 일을 하고자 하는 사람에게는 가혹한 훈계일 수도 있다. 우리도 도움이 간절한 사람들을 보면 그들의 고통을 덜어주고 싶다. 인간의 본성 중 가장 좋은 것이 이 너그러움의 정신이다. 하지만 주는 자의 입장에서 그 동기가 고귀한 만큼, 받는 자의 입장에서는 사기가 꺾이는 일이다. 누구나 자기 자신과 자신의 미래에 직접 투자할 때, 자신의 성공에 대한 온전한 소유권을 가지며, 그럴 때에 비로소 존엄이 생긴다.

개인 소유권이 정답이다

어떤 프로그램에나 한 가지 좋은 질문을 던질 수 있는데, 바로 "누가 신기술을 소유할 것인가?"이다. 만약 이에 대한 답이 명확하지 않거나 애매모호하다면 그 프로그램은 장기적 관점에서 봤을 때 성공하기가 어렵다. 우리는 개인의 소유권이 단체 소유권보다 효과적으로 작용한다는 것을 배웠다. 아프리카에서는 공동체가 소유한 기술들이 실패하였는데, 그 기술들의 목록은 트랙터, 양수기, 앰뷸런스, 정수시스템, 관개시스템 등으로 끝이 없다.

사람들은 보통 가난한 사람들이 집단의 이익을 위해 뭉칠 것이라거나 개인과 일하는 것보다 단체에 '투자'하는 것이

그림 5. 펠릭스 무이루리(Felix Muiruri)가 케냐의 마라그나(Maragna) 지역에 있는 그의 농장에서 머니메이커 힙 펌프(money maker hip pump)를 사용하고 있다.

비용 효율적이고 효과적일 거라고 생각한다. 물론 도로를 건설한다거나 농업협동조합처럼 이 생각이 들어맞는 상황이 있긴 하다. 하지만 하나의 물질적인 자산에 공동 소유권을 부과하는 것이 효과적이기는 쉽지 않다. 즉, 문제는 한 자산이 모두의 소유일 때, 실질적으론 그 자산이 누구의 소유도 아닌 것이 되고, 아무도 그것을 관리하지 않게 될 것이다. 모두가 쓰는 재산의 유지관리, 보수, 교체비용을 감당하기 위해 일정비용을 갹출하지 않는 이상, 고전적인 무임승차의 문제가 발생하는 것이다.

결국 문제는 다음으로 귀결된다. 세계에서 가장 빈곤한 사람도 당신과 나와 다를 바 없다. 우리가 아무리 공동체 지향적이라 하더라도, 우리 가족의 욕구를 먼저 충족시키려 할 것이다. 마찬가지로 우리는 우리가 얻기 위해 노력해야 했던 제품에 최고 가치를 부여한다.

적당한 가격으로 만들기

우리의 효자상품인 슈퍼머니메이커 펌프는 2에이커 이상의 땅에 물을 댈 수 있으며 사용자들은 이를 이용해 과일, 채소 등을 팔아 제품을 사용한 지 1년 만에 평균적으로 1천 달러의 수익을 얻는다. 우리는 지금도 지속적으로 펌프 가격을 낮추기 위해 노력하고 있는데 95달러인 지금도 수많은 가정들에게는 너무 비싼 편이기 때문이다.

그래서 우리는 거의 1에이커의 땅에 관개작업이 가능하고 값은 35달러 이하인 '힙 펌프'를 고안했다. 이것은 마치 자전거 타이어 펌프처럼 생겼다. 그러나 페달 펌프와는 다르게, 사용자들은 이것을 작동하기 위해 온몸을 사용해야 한다. 이것은 가볍고, 운반이 가능하며, 매우 사용하기 쉽다.

힙펌프는 첫 생산량 750대가 거의 출시되자마자 모두 팔릴 정도로 엄청난 성공을 거두었다. 그중 한 대는 케냐의 어느 시골에서 온 펠릭스 무이루리(Felix Muiruri)라는 젊은이가 사 갔다. 그는 아내와 3명의 자식을 돌봐야 했지만 땅이 없었다. 그래서 펠릭스는 수도 나이로비에 일자리를 알아보러 가족을 떠났고, 슬럼가의 어느 레스토랑에서 일하며 간신히 번 40달러 중 본인 생활비만 남기고 전액을 아내와 아이에게 보내고 있었다. 힙펌프를 보자 그는 고향에서 농사를 지으면 더 큰 돈을 벌 수 있으리란 걸 깨달았고 돈을 모아 펌프를 한 대 구입해 고향으로 돌아가서 6개의 텃밭을 빌렸다. 그곳에서 토마토, 케일, 베이비콘, 강낭콩 등을 경작해 이것들을 도시로 운반해 줄 중개상인에게 팔았다. 펠릭스는 각각의 텃밭마다 다른 곡식을 심어 연중 각기 다른 시기에 수확이 가능하게 했다. 그가 펌프를 이용한지 3개월이 지나 우리가 방문했을 때 그는 이미 580달러나 이익을 남기고 있었고, 그와 그의 아내는 땅을 사고 집을 짓겠다는 꿈에 대해 열정적으로 이야기했다. 이 작은 펌프가 펠릭스의 땀과 노력을 돈으로 바꿔주었고, 가족을 돌볼 수 있게 해주었으며, 미래를 설계할 수 있도록 해준 것이다 (그림 5).

우리가 한 일이 주는 효과 측정하기

많은 사회기업가가 될 사람들이 실패하는 부분이 바로 진짜 효과, 혹은 결과를 측정하는 부분이다. 당신이 팔거나 나눠준 상품의 개수는 아무것도 의미하지 않는다. 당신이 측정해야 하는 것은 발명을 통해 만들어내고자 한 변화의 정도이다. 이를 측정하는 것은 어렵고 많은 비용이 들지만, 아주 필수적인 과정이다. 우리 역시 우리의 노력이 미치는 영향을 모니터링함으로써 정말 많은 것을 배웠다. 이는 우리가 스스로 세운 목표를 얼마나 이뤘는지 알게 해줄 뿐 아니라, 우리 제품의 디자인과 개선, 마케팅 노력에도 가치 있는 역할을 한다.

다음에 열거한 것들은 킥스타트의 핵심가치들이며, 이 가치들은 가난에서 벗어나기 위해 노력하는 이들을 돕기 위한 아주 비용 효율적이고도 지속가능한 방법을 만들기 위한 것이다. 이 원칙들 중 어떤 것도 킥스타트나 우리의 기술에만 해당되는 이야기가 아니다. 세상에 진정한 변화를 가져다줄 다른 많은 기술에도 똑같이 적용될 수 있다. 원칙 하나하나가 개별적으로 중요하기도 하지만, 우리의 경험상 이 원칙들이 가장 효과적일 때는 이들이 함께 적용되었을 때이다. (45페이지 표 참조)

마지막으로 개발도상국들을 위한 혁신에 열정이 불타오르는 사람이라면(혹은 그러한 노력에 금전적 지원을 하고 싶은 사람이라면) 나는 아래의 테스트를 권해보고 싶다. 신기술이나 신사업 모델을 개발하는 성공적인 프로그램이 되기 위해서는 다음의 네 가지 기준에 부합하여야 한다.

그 계획이 평가 가능하며 증명 가능한 효과를 유발하는가?

이 질문에 대답하기 위해서는 당신이 해결하고자 하는 문제를 신중히 정의하고 그 문제 해결을 위해 당신이 끼치는 영향이 실제로 어느 정도 되는지를 주의 깊게 측정해보아야 한다. 킥스타트의 경우, 우리는 가난한 자들이 돈을 더 벌어 가난에서 벗어날 수 있도록 노력한다. 그렇기 때문에 구매자들이 우리 기술을 구입함으로써 얼마만큼의 돈을 더 벌 수 있게 되는지를 면밀히 측정한다. 만약 한 사업이 아무런 영향력이 없거나 효과를 증명할 수 없다면, 그 사업은 이행할 가치가 없는 것이다.

당신의 계획은 비용 효율적인가?

신기술을 개발하고 추진하기 위한 재정지원에는 한계가 있기 때문에 우리는 이 자금으로 무엇을 하든지 이를 확실하고 효율적으로 사용해야 한다. '비용-효율'은 주관적 기준이기 때문에 우리는 다음과 같은 비교를 제안한다. 기존의 원조 프로그램들이 그들 웹사이트에 가난한 한 가족을 빈곤에서 구하는데 평균 2,750달러의 비용이 든다고 밝힌 반면, 킥스타트는 그 일을 250달러에 해낸다.

당신의 계획을 지속가능하게 해줄 출구 전략이 있는가?

재정지원이 끊기더라도 기존의, 그리고 새로운 수혜자에게 지속적인 혜택은 보장되어야 한다. 기부금을 통한 재정지원에 의존해 지속되는 프로그램을 만드는 것은 실용적인 해결책이 아니다. 당신의 노력을 지속가능하게 만드는 데는 다음의 4가지 방법이 있다.

1) 재화와 용역을 지속적으로 제공하기 위해, 수익을 내는 공급망을 구축해놓고 나올 것.

6

그림 6. 농부가 머니메이커 펌프를
사용해서 프랑스 콩밭에 물을 주고
있다. 나이로비 외곽, 케냐.

그림 7&8. 케냐 북쪽의 티카에 있는
자동차 공장은 킥스타트가 머니메이커
펌프를 제작하는 협력회사 중
하나이다.

2) 당신이 만든 프로그램을 정부에 넘겨 세금을 통한 지원이
   가능하게 할 것.
3) 마을금고나 '메리-고-라운드'(역자 주: 케냐의 미소금융)
   같은 대출시스템을 세우는 등 어떤 종류의 외부 원조 없이도
   자력으로 성장할 수 있는 지역 상황을 조성할 것.
4) 질병 퇴치와 같이 어느 한 문제를 완전히 해결할 것.

모방과 확장이 가능한 모델인가?

우리가 해결하고자 하는 문제, 무엇보다 빈곤과 기후변화는 그
규모가 상당하며 이를 위해 신기술, 신사업모델을 개발하는
데에는 많은 비용이 든다. 그래서 우리는 기술 자체뿐 아니라
그 확장 모델까지도 어느 특정 지역의 조건에 좌우되지 않고
다른 환경과 지역에서도 쉽게 적용되었으면 한다.

이 모든 가이드라인들을 지금 계획하고 있는 일에
구체적으로 적용하는 것은 도전이 될 것이다. 그러나 훌륭한
발명가와 디자이너들은 이러한 도전을 즐기기 마련이다. 나는
이 여정이 흥미진진할 때도 있었지만, 때때로 절망스럽고
지치기도 했다. 하지만 형용할 수 없을 만큼 만족스러운
여정이었다고 말할 수 있다. 당신에게도 환상적인 여정이
기다리고 있기를 바란다.

킥스타트가 만들어내는 것이라면 어떤 도구나 기술이라도 다음의 디자인 기준들을 충족해야 한다.

1) 소득의 발생 : 모든 도구에는 수익성 있는 비즈니스 모델이 수반되어야 한다.

2) 투자액의 회수 : 기회는 수천 명의 사람들에게 주어져야 하며, 사업은 6개월 이내에 투자금액 회수가 가능할 만큼 수익성이 좋아야 한다.

3) 저렴한 가격 : 우리는 가급적 100달러 이내의 가격에 팔리도록 디자인한다.

4) 에너지-효율성 : 우리가 개발한 모든 도구들은 인력(人力)에 의해 작동되므로 이를 기계에너지로 전환시키는 데 최고의 효율을 보여야 한다.

5) 인체공학 및 안전 : 우리 상품은 사용자의 부상 없이 오랜 기간 사용할 수 있어야 한다.

6) 이동성 : 도구들은 판매될 때 맨발이나, 자전거, 미니버스 등을 통해 운반될 수 있도록 충분히 작고 가벼워야 한다.

7) 설치와 사용의 용이성 : 장치들은 추가적인 도구나 교육 없이도 설치 및 사용하기 쉬워야 한다.

8) 강도와 내구성 : 우리가 고안한 장치들은 극한의 환경 속에서 사용된다. 따라서 거친 사용에도 견딜 수 있어야 한다. 모든 킥스타트의 제품은 1년간 품질이 보장된다.

9) 생산능력에 맞춘 디자인 : 대량생산이 가격을 낮추기는 하지만, 해당 지역사회에서 구할 수 있는 원자재나 공정을 디자인에 반영해야 한다.

10) 문화적 수용도 : 지역사회의 문화가 신기술에 맞춰 변화하지는 않을 것이다. 기술이 지역의 관습에 맞춰야 한다.

11) 환경적 지속가능성 : 우리가 고안한 도구가 환경에 부정적 영향을 주어서는 안 된다.

어린이 한 명당 노트북 한 대씩

(One Laptop Per Child)

OLPC(One Laptop Per Child) 사업에 대해서 설명해주세요. 그 목적이 무엇인가요?

NN: 사업의 제목이 사업의 내용을 설명하지요. OLPC는 세계에서 가장 외진 곳에 사는 가장 가난한 어린이들에게 교육을 보급하는 것입니다(그림 1).

왜 어린이 한 명당 휴대용 컴퓨터 한 대씩 지급하는 것을 교육의 시초라 생각하십니까? 정보의 격차를 차단하는 게 문맹과 교육의 문제라 생각하는지요?

NN: 전쟁에서부터 빈곤까지 거의 모든 문제들이 교육을 통해 부분적으로 해결되었어요. 이른바 정보의 격차는 벤츠 격차와 다를 게 없습니다. (역자 주: 벤츠 격차(Mercedes divide)란 미국 연방 통신 위원회의 위원장이었던 마이클 파월이 정보격차(digital divide)를 비꼬며 자신은 "벤츠를 갖고 싶은데 비싸서 가질 수가 없다"고 한 말. 그는 컴퓨터와 인터넷은 꼭 필요한 것이 아니라 사치라고 생각했다.) 시장의 경제는 고급 상품과 고부가가치 상품들, 그리고 초기 사용자들 쪽으로 쏠리게 됩니다. 그런 다음에야 대중들에게 확산되지요. 휴대폰 산업처럼 최고급품 시장이 포화되었을 때, 대중들은 새로운 시장에 관심을 가지거든요. 말하자면 새로운 '시장'이라고 할 수 있죠.

이 사업이 어떻게 시작되었나요? 어떠한 영감을 받으셨나요?

NN: 이 사업은 시행하는 데 거의 40년 가까이 걸렸습니다. 1960년대 후반에 처음 시작되었는데, 시모어 페퍼트 (Seymour Papert)가 지지하는 원칙들을 기반으로 설립되었어요. 그의 초창기 사업인 '어린이들에게 생각하는

그림 1. OLPC, 안테나를 세운 채 정면에서 약간 돌려진 모습

법 가르치기'가 Logo(컴퓨터 프로그래밍의 종류)로 이어졌습니다. 1980년대에 그와 나는 세네갈, 콜롬비아, 그리고 코스타리카에서 일했습니다. 1990년대에는 현재 WiFi와 WiMAX라 불리는 원거리 통신의 사업에 참여했습니다. 현재는 원거리통신이 더 이상 문제가 되지 않는데, 이는 낮은 가격의 광역망에 접근하는 방법들이 많이 생겼기 때문이지요. 게다가 광역망은 주어진 주파수에서 50, 60 혹은 70명의 어린이를 연결할 수 있기 때문에 탄력적이기도 합니다. 하지만 당신이 OLPC사업에 관심을 가지게 된다면 실상 이것이 탄력적인 사업이 아니란 것을 알게 될 것입니다. 이 사업에서는 어린이 10명이 늘어나면 10대의 노트북이 더 필요하게 되지요. 캄보디아와 미국 메인주에서의 사업이 오늘날의 OLPC 사업으로 이끌어주었지요.

이 순간에 이러한 종류의 기술을 보급하는 것이 왜 중요한지 궁금합니다.

NN: 그것이 이제야 가능해졌기 때문입니다. 일 년 전만 해도 노트북은 이렇게 작지 않았어요. 게다가, 단순히 선생님들을 교육하면 그 교육이 점점 확산될 것이라고 기대할 수 없습니다. 물론 선생님들을 교육하는 것을 멈춰서는 안 되지만, 이것만으로는 교육이 확산되는 데 긴 시간이 걸릴 것입니다. 그러므로 우리는 어린이들 자체를 키워줘야 합니다. 정글 한가운데에서 전기조차 보지 못한 어린이들 손에 플레이스테이션이나 게임보이를 들려준다면, 그 어린이들이 가장 먼저 하는 일은 설명서를 버린 채 그것들을 사용하는 것일 것입니다.

OLPC 창립자 겸 대표자인 니콜라스 네그로폰테(NN)와 퓨즈프로젝트의 대표이자 OLPC 디자이너인 이브 베하(YB)와의 인터뷰

신시아 스미스
(Cynthia E. Smith)

그림 2. 노트북의 부품도.

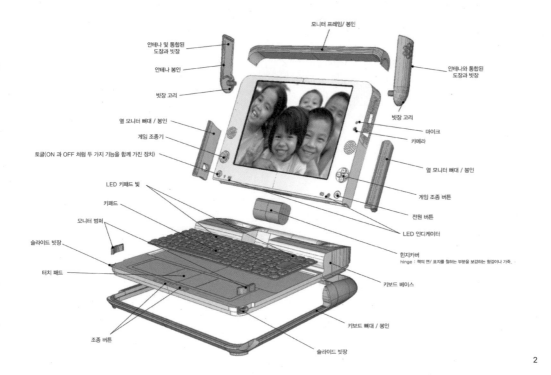

안테나 및 통합된 도장과 빗장
안테나 봉인
빗장 고리
옆 모니터 뼈대 봉인
게임 조종기
토글(ON 과 OFF 처럼 두 가지 기능을 함께 가진 장치)
LED 키패드 빛
키패드
모니터 범퍼
슬라이드 빗장
터치 패드
조종 버튼

모니터 프레임/ 봉인
안테나와 통합된 도장과 빗장
빗장 고리
마이크
카메라
옆 모니터 뼈대 / 봉인
게임 조종 버튼
전원 버튼
LED 인디케이터
힌지카버
hinge : 책의 면/ 표지를 철하는 부분을 보강하는 헝겊이나 가죽.
키보드 베이스
키보드 뼈대 / 봉인
슬라이드 빗장

학생들이 노트북들을 무엇을 하는 데 사용할 것이라 보십니까?

NN: 집과 학교에서 음악을 듣거나 책을 보거나 거의 모든 일에 사용하겠지요. 다양한 방법을 통해서 사용될 것이기 때문에, 이 순간 우리가 어떻게 사용될 것이라고 정하는 것은 소용이 없어요. 그러나 이른바 '생산적 소프트웨어'인 워드, 엑셀, 파워포인트를 위해서 사용되지는 않을 거 같아요. 그 소프트웨어가 결함이 있는 것이라서가 아니라 다만 어린이들에게 필요한 게 아니잖아요. 어린이는 무언가를 만들어야 해요. 친구와 대화도 하고 세계를 탐험해야 해요. 어린이는 작은 사무원이 아닙니다. 우리는 어린이들이 이른바 정보통신을 배우는 데에는 관심이 없어요. 우리의 목표는 그들이 '배움' 자체를 배우는 겁니다. "배움을 배우다" 이것은 시모어 페퍼트의 표현인데요, 이 표현이 모든 걸 설명하지요.

어떻게 노트북 가격을 싸게 유지하셨나요? 왜 이런 일이 정부가 주도할 때만 가능한가요?

NN: 가격은 세 가지 방법을 통해서 낮추었어요. 첫째, 우리는 판매, 마케팅, 분배를 하지 않고 이익을 내지 않습니다. 이로 인해 시장에 노트북 가격을 반 이상 싸게 내놓을 수 있지요. 둘째, 우리는 저렴한, 그리고 우리가 생각하기에 더 좋은 디스플레이 기술을 개발했어요. 셋째, 윈도즈를 사용하지 않습니다. 대신 무료 소프트웨어를 제공하고 적은 용량을 차지하는 리눅스를 사용하죠.

왜 탁상용 컴퓨터 대신에 노트북 개발을 결정하셨나요?

NN: 왜냐하면 어린이들은 더 책 같고 좀 더 개인적인 경험을 할 필요가 있거든요. 노트북을 개인이 소유한다는 것이 핵심이지요(그림 3,5). 문자가 없어서 그 사회의 연장자들이 글자를 만든 나라를 상상해보세요. 교실에 연필을 몇 개 가져다 놓고 쓰기교실이라고 하면 될까요? 우리는 노트북을 통해 그

이상 할 수 있다는 겁니다.

OLPC의 노트북은 기존의 노트북과 어떠한 차이가 있나요?

NN: 세 가지 차이가 있지요. 첫째, 듀얼모드를 사용하고 햇빛에서도 읽을 수 있으며, 비전열성을 가지고 있습니다. 둘째, 낮은 전력을 소비하므로 태엽을 감거나 다른 인력을 사용하는 방법으로 충전이 가능하고 셋째, 그물 같은 연결망이 하나의 인터넷망 안에서 수백 명 어린이의 노트북을 연결시켜줍니다.

디자인 진화와 구성요소에 대해서 설명해주세요.

YB: OLPC 사업에 대해서 최근에 이런 질문을 받았습니다. "왜 100달러 짜리 휴대 컴퓨터에 디자인이 중요해요? 개발도상국을 대상으로 한 상품인데, 디자인을 고려하는 것은 사치가 아닌가요?" 이 전형적인 서구적 관점은 핵심을 놓치고 있지요. 품질, 그리고 가치는 보편적입니다. 우리가 어떻게 감히 우리보다 안 좋은 조건에서 사는 사람들이 수준 높은 디자인을 이해하지 못하고, 기대하지도 않고, 누릴 권리가 없다고 생각할 수 있나요. 사실 개발도상국을 대상으로 하는 사업은 서양의 상품의 수준을 한 단계 낮추는 버전이 많아요. 낮은 기술과 낮은 품질로 만드는 거죠. 저비용 제품은 말 그대로 싸구려입니다. 이것은 니콜라스 네그로폰테, MIT 팀, 그리고 퓨즈프로젝트 디자이너가 바꾸길 원하는 패러다임이랍니다. 우리의 100달러짜리 노트북에서 저비용은 첨단 기술, 첨단 디자인을 뜻하지요. 진정한 의미의 발전입니다. OLPC의 가격은 낮지만, 첨단기술들로 구성되어 있습니다. 기술 중 일부는 최고급 노트북에서도 발견되지 않습니다. 그리고 디자인 수준도 상당하지요.

왜 디자인이 중요할까요? 왜냐하면 디자인은 이 상품에 대한 느낌, 기능과 경험에 놀라운 가치를 가져다주기 때문입니다. 이 노트북은 말하자면 튼튼하고, 느낌이 좋고, 감성적인 디자인을

그림 3. OLPC를 편 모습.

그림 4. OLPC, 안테나를 세운 상태의
비스듬한 뒷모습

가지고 있습니다. 시제품을 사용해본 후 보노는 OLPC가
아이들에게 부여할 진정한 의미에 대해서 언급했습니다. 바로
자신들만의 교육과 커뮤니케이션, 또 오락의 수단을 갖추었다는
사실이 아이들에게 위엄과 자부심을 준다는 것이지요.
우리는 이 사업이 노트북을 사용하는 아이들의 삶을 바꿀
뿐 아니라 컴퓨터 기술도 변화시키리라 믿습니다. 처음으로,
진정한 최첨단 기술적 해법이 감성적인 디자인과 저렴한 가격에
응용됐기 때문입니다.
100달러짜리 노트북은 작고, 튼튼하고, 또 감성적인 제품으로
디자인 되었습니다. 노트북을 닫으면 제품 안으로 먼지가
들어오지 않게 전체가 봉인됩니다. 노트북을 열면 특이하고
풍부한 감촉과 토끼 귀라고도 불리는 WiFi 안테나가 있는 개성
있는 내부가 나오죠(그림 4).
컴퓨터에 있는 모든 부품은 최소 두 가지 목표가 있습니다.
경제성과 효율성이 바로 그것인데, 안테나는 컴퓨터의
USB 포트 덮개와 노트북 폴더를 고정시키는 걸쇠로도
쓰입니다. 컴퓨터를 둘러싸고 있는 컬러범퍼는 먼지를 차단할
수 있는 봉인이기도 하며 손바닥에 맞게 인체공학적으로
디자인되었습니다. 또 노트북 밑받침 부분을 본체와 연결하지요.
화면은 컬러 스크린이면서 동시에 햇빛 아래에서도 글을 읽을
수 있도록 흑백 대비가 두드러지게 제작되었습니다. 전자책
모드에서 큰 터치패드는 글자를 배우는 데 매우 중요한 그리기와
쓰기를 할 수 있는 판으로도 쓰입니다.(그림 2).
내장된 강력한 WiFi 안테나들을 통해서, 어린이들은 친구와
학교, 그리고 웹페이지와 연결할 수 있습니다. 이 안테나 덕에
가능해진 연결망은 반경 0.8킬로미터 내에서 노트북들을 서로
연결시켜줍니다. 이로써 학생들이 각자 학교와 연결될 수 있으며
학생들에게 1인당 하나씩 배분된 수많은 점들이 연결되어 WiFi
연결망이 즉시 형성되는 것이지요. 외진 곳에는 서버와 위성
연결망이 설치될 것입니다. 아이들이 어디에서든지 학교에 바로
접속하여 교과서와 수업에 접근할 수 있게 하기 위해서지요.
인터넷 연결망이 이미 존재하는 곳이라면, 서버가 불필요합니다.
협력기관으로 스카이프, 구글, 에코스타, 그리고 리눅스
레드햇(Red Hat) 등이 있고 노트북에 내장된 비디오카메라,
마이크, 강력한 WiFi 안테나로 아이들은 어디에서든지 쉽게

접속할 수 있을 것 입니다.
전력은 전통적인 방법과 인력으로 생성되는 에너지를 모두
사용하는데, 재충전이 가능한 배터리, 수동 크랭크, 밟기판,
그리고 필요에 따라 태양에너지도 사용합니다. OLPC
소프트웨어가 소량의 전력을 필요로 하기에, 하드웨어 역시
적은 에너지를 사용하지요. 최대 가동 모드에서 2와트를 사용할
뿐이며, 대기 모드에서조차 0.25와트만을 사용합니다. OLPC는
전력 대비 효율성이 매우 좋습니다.
퓨즈프로젝트는 세계 어린이를 위한 컴퓨터 혁명을 일으키기
위해 노력하고 있습니다. 디자이너들은 대부분 세계의 10억의
인구에 (이른바 서반구 인구) 관심을 가지고 있으며, 그들의 작품
역시 세계 10억 인구들에 의해 소비되지요. 그러나 OLPC는 그
나머지 60억 명에 집중합니다. 따라서 OLPC는 매우 드물고
창조적인 작업이라 할 수 있지요. 기술, 정보 접근성의 관점에서
보면, OLPC는 개인 컴퓨터가 진작 했어야 할 일, 즉, 모든
사람이 정보에 접근할 수 있도록 하는 일을 하게 됩니다.

**노트북에는 어떤 소프트웨어 운영체제가 있나요? 또 왜 그것을
선택하셨나요?**

NN: 무상으로 공개된 오픈소스를 활용합니다. 우리는 로고
(Logo)나 이토이즈(eToys) 와 같은 프로그램들을 제공할
거예요. 그러나 다른 응용 프로그램도 모두 이 노트북에서 사용
가능합니다. SD 카드 전용 홈도 있고, DVD, 하드디스크, 프린터
등을 위한 3개의 USB 플러그도 있습니다. 카메라도 내장되어
있고요.

**왜 오픈소스 소프트웨어를 선택하셨는지 설명해주세요.
이 선택이 전 세계에 주는 시사점은 무엇인가요?**

NN: 오픈소스는 OLPC라는 동전의 뒷면입니다. 우리가
오픈소스를 쓰는 가장 큰 이유는 노트북의 현지화 때문입니다.
다른 대안이 없어요. 오픈소스들이 서버업계의 반 이상을
차지하는데도 리눅스는 데스크톱에서는 잘 쓰이지 않는데,
곧 데스크톱에도 퍼질 것이라는 게 세계적인 추세에요.

**첫 번째 버전의 노트북은 컴퓨터를 충전할 수 있는 아주 특이한
수동 크랭크도 포함하였는데, 이제는 스퀴드 랩스(Squid**

Labs)가 컴퓨터 충전을 할 수 있는 새로운 방법을 개발했다고 알고 있습니다. 어떠한 원리인가요? 또, 충전은 얼마나 지속되나요?

NN: 충전하는 데에는 세 가지 방법이 있는데요. 크랭크, 밟기판, 스퀴드랩스 풀코드가 그것입니다. 배터리는 최대 12시간가량 지속될 수 있습니다. 손을 사용해서 충전할 수도 있지만 우리는 그것을 추천하지 않아요. 우리의 목표는 인력이 1:10의 비율로 효과를 발휘하는 것입니다. 1분 동안 크랭크를 돌리면 10분 동안 노트북을 사용할 수 있게 말입니다.

이 기계를 현장에서 실험할 계획이 있나요?

NN: 아주 많은 계획이 있지요. 사실 500대는 온전히 실험을 위해 사용하려고 합니다. 다른 500대는 태국, 나이지리아, 브라질, 아르헨티나 등 각 국가에서 실험할 거예요. 한두 국가에서 더 할 예정인데, 어느 나라인지 곧 발표할 예정입니다. 실험은 2006년 11월에 시작했지요.

여러 국가에서 총 5백만 대의 주문을 받은 후, 노트북 제작을 기다리고 있다고 알고 있습니다. 가장 먼저 주문했던 나이지리아는 백만 대를 주문했지요. 또 어떤 국가들이 노트북에 관심을 가지고 있나요? 언제 첫 노트북을 배달하실 예정이신가요?

NN: 우리는 충분히 낮은 가격으로 생산할 수 있을 만큼의 규모를 확보해야 해요. 그 숫자는 대략 5백만 대입니다. 아직 어떠한 국가도 계약서에 서명하지는 않았어요. 우리가 테스트를 완료할 때까지 서명하지 않으시길 부탁했죠.

전 유엔 사무총장 코피 아난은 "OLPC는 경제적, 사회적 발전의 큰 진보를 약속합니다. 하지만 무엇보다 중요한 것은 어린이 한 명당 노트북 한 대씩을 지급하는 진정한 의미이겠지요. 우리가 어린이들에게 마법의 주문을 걸듯 그저 노트북을 한 대씩 지급하자는 것이 아닙니다. 마법을 부리는 것은 각 어린이, 과학자, 학자 그리고 제작과정에 참여할 평범한 시민들의 몫이지요."라고 말했습니다. 그의 이러한 격찬에도 불구하고, 이 사업은 논쟁거리였죠. 일부 사람들은, 만약 개발도상국의 가정에 무엇이 필요한지를 물어본다면, 휴대 컴퓨터가 1순위는 아닐 것이라고 비난했습니다. 음식, 물, 그리고 전기가 그들에게는 더 중요할지도 모른다고요. 한 개발도상국의 교육부 장관은 자국의 자원을 "화려한 도구를 사는 데보다 더 급한 일인 교실을 짓거나 선생님을 고용하는 일"에 쓰는 것이 더 유용할 것이라고도 했지요. 이러한 비난에 어떻게 대처하시나요?

NN: 우리는 이러한 비난에 대응하지 않습니다. 일은 그 일 자체로 증명되어야 합니다. 10년 전, 그 교육부 장관에게 휴대폰이나 인터넷이 도처에 존재할 것이라 이야기했다고 상상해보세요. 말싸움은 그만하고 이 사업을 하고자 하는 사람이 하면 됩니다. 당신이 접하는 대개의 비난은 상업적 이익집단의 비평입니다. 그들은 몇몇 국가에 잘못된 정보를 전달하기도 합니다. 우리가 직접 그런 상황을 목격하기도 했어요. 참 슬픈 일이지요.

기술 없는 사람에게 기술을 전달할 때 많은 문제들이 생기지요. 어떻게 새로운 사용자들에게 지속적 지원을 제공할 예정인가요?

NN: 지속적이라는 단어가 모든 상황에 해당하는 단어는 아니에요. 길, 깨끗한 공기, 그리고 기본적인 건강 서비스가 항상 지속적으로 제공되지 않는 것처럼요. 이것들은 오히려 사회적 상황과 시민적 책임의 한 부분입니다. 기본적 교육도 마찬가지예요. 가장 가난한 국가조차도 기본적 교육을 위해서 각 어린이당 연간 100달러는 지출할 거예요. 이에 추가로 1년에 30달러를 더 지불하는 것은 큰 도약이지요. 그러나 대개의 개발도상국은 500달러 정도 지출하고 있습니다. 따라서 큰 부담은 아닙니다.

개발도상국의 어린이들에게 노트북을 제공했을 때 예상할 수 있는 영향은 무엇입니까? 노트북을 받는 지역사회 내 빈곤을 완화할 수 있으리라 생각하시나요?

NN: 영향이 아주 클 것이고 빈곤도 완화할 수 있으리라 봅니다.

이 사업은 개발도상국만 위한 것입니까? 아니면 미국과 선진국 아이들 중 컴퓨터에 접근할 수 없는 아이들의 욕구에도 초점을 맞추실 건가요?

NN: 이 사업은 오로지 개발도상국을 위한 것입니다. 개발도상국에 보조금을 지급하는 방법으로 선진국을 포함시킬 수도 있겠네요. 물론 빈곤층은 어느 국가에나 있습니다. 하지만 우리의 사명은 극단으로 가서 색다른 단체와 색다른 노트북, 색다른 형태의 접속성, 그리고 색다른 교육계획을 세우는 것입니다.

만약에 이 사업이 실패한다면?

NN: 실패하더라도 괜찮습니다. 내일 당장 실패하더라도, 오늘 이미 컴퓨터 분야에 영향을 주었기 때문이지요. 만약 우리의 노트북이 150달러이고 6개월 내로 제작이 불가능하다면, 내년에 실패할 수 있겠지요. 그래도 그 정도면 괜찮은 실패라 생각해요. 더불어 우리에게는 주주가 없다는 사실을 기억해주세요. 우리의 주주는 어린이입니다. 우리는 그들을 실망시키지 않으리라고 다짐했거든요.

그림 5. OLPC, 가방끈이 연결된 상태의 OLPC

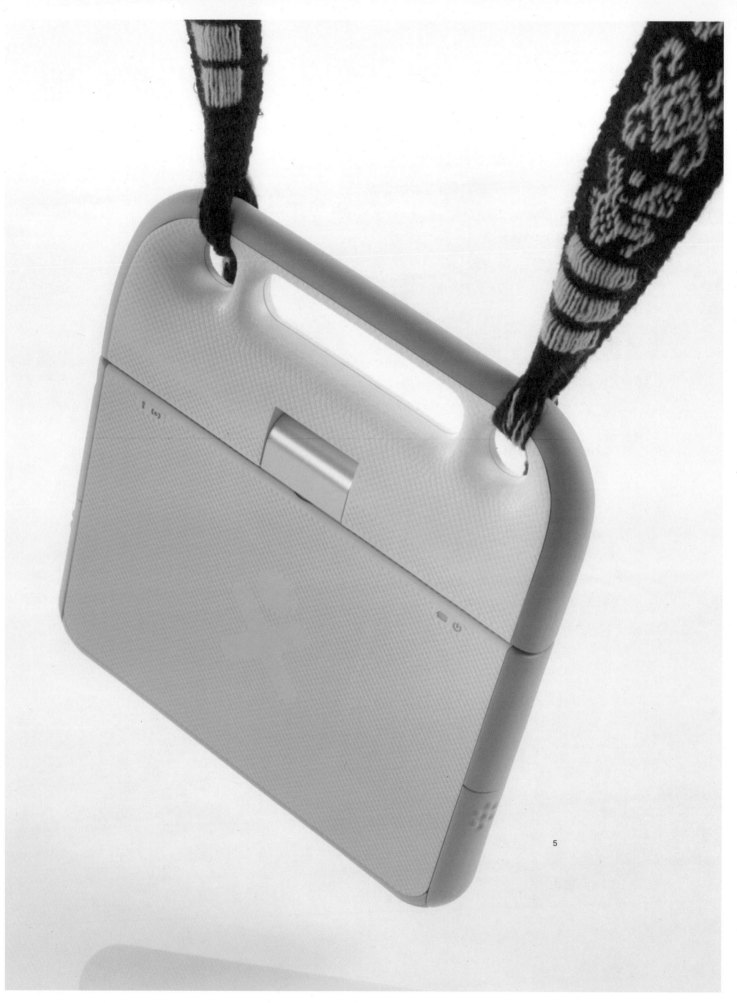

5

신뢰할 수 있고 재생 가능한 지역 에너지

해리시 한데
(H. HARISH HANDE)

인도의 지역 주민들이 신뢰할 수 있는 에너지원을 확보한다는 것은 드문 일이다. 인도 인구 11억 중 절반 이상이 전기를 이용하지 못하고 있으며, 1억 가구가 요리할 수 있는 에너지원이 부족한 실정이다. 또한 인도 인구의 대다수는 소득을 창출할 수 있는 활동을 하거나 소규모 사업을 운영할 수 있는 전력이 없다고 한다.

전기 혜택을 누리지 못하는 사람들에게 신뢰할 수 있는 에너지원은 태양에너지나 바이오가스처럼 어디에서나 구할 수 있고, 깨끗하며 재생 가능한 에너지를 이용하는 것이다. 그러나 역설적으로 대체 에너지 자원이 가장 필요한 이들은 현재 그런 시스템을 구매할 수 없거나 효율적으로 이용하지 못하고 있다. 인도의 저소득층이 이런 대체 자원을 이용해서 삶의 질을 높일 수 있도록 더 많은 기회를 주려 한다면 혁신적인 상품과 연결고리, 금융프로그램이 필요하다. 인도의 회사 SELCO의 목표는 이러한 변화에 촉매제 역할을 하는 것이다.

미국에서 출발한 비영리 단체인 태양광 전등 기금(Solar Electric Light Fund, SELF)의 창립자이자 회장인 네빌 윌리엄스와 나는 인도의 방갈로르에서 1990년 SELCO를 설립했다. 이 회사는 가난한 이들이 지속가능한 에너지를 구매해서 계속 사용하도록 돕고, 사회적 기업이 상업적 목적으로 운영될 수 없다는 신화를 없애기 위해 설립되었다.

SELCO는 인도에 있는 최초의 농촌 기반 회사로 가정 내 태양광 시스템에 집중하고 있다. 그 시스템은 전기 혜택을 받지 못한 가정에 적은 양의 신뢰할 수 있는 전력을 공급하는 수단이 되고 있다.

그림 1. SELCO의 기술자가 스리랑카 시골지역의 집에 태양광 시스템을 설치하고 있다.

우리는 수많은 금융 기관, 미소금융 그룹, 비정부기구, 협동조합과 협동해 저소득층에게 힘을 실어주고, 그들이 이러한 기술들을 저렴하고 쉽게 이용할 수 있도록 하고 있다. 지난 11년간 우리는 인도의 65,000여 농촌 가구(그림 1)에 태양광 시스템을 설치했을 뿐 아니라 이러한 시스템을 유지하기 위해 지역 주민을 고용함으로써 지역 경제의 활성화를 도왔다.

가난을 줄이는 중요한 방법은 저소득층에게 경제활동을 할 수 있는 기회를 주는 것이다. 이러한 활동들은 에너지 서비스가 필요하고, 이러한 서비스와 완제품은 지역 금융 기관의 지원이 필요하다. SELCO는 특정 에너지 필요에 대한 기술을 제공하고 다양한 벤처 기업이 적절한 금융 체제를 만들 수 있도록 도우면서 개발 사슬의 각 연결 부분에서 중요한 역할을 하고 있다.

초창기부터 인도의 SELCO는 배전망이 연결되어 있거나 또는 전기가 공급되지 못하는 경우에도 지역의 주민과 중소기업 같은 최종 수요자의 필요를 위한 적절한 해결책을 만드는 데 집중해왔다. 전기를 이용할 수 없는 사람들에게 가정 내 태양광 시스템은 심지 램프에 필요한 등유, 손전등이나 라디오에 필요한 건전지, 전등과 텔레비전에 필요한 축전지, 더 나아가서 디젤과 가솔린 발전기와 같은 에너지원을 대체한다. 이 대체 자원 시스템은 식료품 가게와 재단사들, 양계장, 소목장, 양잠업, 제재소와 방앗간, 전자 소매상, 공공 콜 센터 등을 포함한 다양한 기관 고객에게 빛이나 전력을 공급하고 있다(그림 2~4).

1990년대 후반부터 우리는 공장에서 전등의 사용, 지역 영업점의 영업시간 증가, 방직 기계와 납땜용 인두에 직접 사용되는 에너지 등 소득을 창출하는 에너지의 사용에 초점을 두기 시작했다.

태양광 전기 시스템을 위한 재정적 지원은 에너지와 빛을 가장 필요로 하는 극빈자 가정에 필요하다. 그러나 기초 시스템을 구축하는 데 드는 비용은 적게는 석 달 치 수입에서

그림 2. 거리 상인들은 인도의 카나타카에 있는 유두피란 금융 기관의 지원을 받아서 등유를 사용하는 램프에서 태양광으로 전환했다.

그림 3. 인도의 카나타카의 다와드의 수학 수업 시간에 사용되는 전등.

그림 4. 인도의 카나타카의 만다티 마을에서 거리 주변의 차를 파는 가판대의 전등이 손님을 끌고 있다.

많게는 1년 치 정도의 수입이다. SELCO는 지역 은행인 말라프라바 그라민 뱅크와 함께 혁신적인 소비자 대출 제도를 시행했다. 지역에 사는 최종 수요자와 제3자인 소액 주주를 연계시켜 이들이 대출 상품을 이용할 수 있도록 만들었다. 재정후원자들과 함께 최종적으로 동원한 금액은 약 천만 달러에 달했다.

향후 5년 동안 SELCO의 목표는 전기서비스를 받지 못하는 20만 개 정도의 가구와 기업에 신뢰할 수 있는 에너지를 제공하는 것이다. 우리 활동의 신념은 지역 에너지 보급에 있어 기술 여부는 진짜 문제가 아니라는 것이다. 진짜 어려운 것은 개발 사슬의 모든 연결 부분을 재정적으로 안정시키면서도 고객들의 수를 꾸준히 늘릴 수 있는 방법을 찾는 것이다.

구르는 물통

전 세계적으로 수백만 명의 사람들, 그중에서도 특히 아프리카 시골지역의 사람들은 깨끗한 상수원으로부터 수 킬로미터나 떨어진 곳에 살며 콜레라, 이질 등 각종 수인성 질병으로부터 위협받고 있다. 우리는 개발도상국에서 여성과 어린이들이 무거운 물통을 머리에 이고 옮기는 장면을 보았다. 이러한 노동은 대부분 목과 척추 부상의 원인이 된다.

시골 사람들이 깨끗한 물을 옮기기 쉽게 하는 방법을 찾는 것에서 큐 드럼(Q Drum)의 아이디어는 시작되었다. 일정량 이상의 물은 너무 무거워 옮기기가 어렵다는 것에서 해결책이 착안되었다. 들어올리거나 나르는 대신 물을 원통형의 용기에 넣어 굴리는 것만이 실행 가능한 대안으로 보였다. 그리고 그 용기는 망치나 못조차 희소한 지역에서도 내구성이 있어야 한다.

큐 드럼의 독창성은 도넛의 구멍같이 생긴 세로 방향의 수직통로를 통과해서 지나가는 끈을 앞에서 당겨 통을 굴릴 수 있도록 디자인한 것이다(그림1). 이 제품에는 쉽게 부셔지거나 떨어져가는 손잡이나 축이 없으며, 사용하는 줄은 식물 재료로부터 짠 줄 또는 가죽끈과 같이 어디서나 구할 수 있는 것으로 대체할 수 있다. 또한 통은 식재료나 물을 담기에 적합한 폴리에틸렌을 원형 주형을 통과시켜서 만들었다. 큐 드럼은 아프리카 남부 시골 지역에서 널리 사용해 본 결과 내구성이 강한 것으로 검증되었다. 한 가지 예로 75리터의 용기를 8년 이상 매일 사용했지만 아주 약간만 마모되었다.

큐 드럼은 수 세기 동안 지속해온 물 긷는 노동을 놀이에 가깝도록 만들었다. 이것은 큰 수고 없이 한 번에 더 많은 물을 이동할 수 있게 했다. 또한 어린이도 큰 어려움 없이 수 킬로미터의 평평한 지형 위에서 50리터 통을 굴릴 수 있게 했다. 이것은 어린이들과 여인들을 멀리서 물을 길어오는 노동의 고통으로부터 해방시켜서 다른 중요한 일을 할 수 있게 해주었다. 더욱이 그들의 머리 위에 놓인 무겁고 불안정한 짐을 메지 않게 해줌으로써 많은 고통을 덜어주었다.

물론 큐 드럼의 가격을 가능한 저렴하게 유지하기 위해서 갖은 노력을 다했지만 대부분의 사람들에게는 적당하지 않다 (큐 드럼이 필요한 사람은 살 돈이 없고, 돈이 있는 사람은 살 필요가 없다). 만약 마케팅과 생산품의 유통이 단지 자선에만 의존하였다면, 그 프로젝트는 지속가능하지 않았을 것이다. 그러나 국제적 공여자, 비정부기구 그리고 민간 기업에 의한 적절한 자금지원이 있다면, 큐 드럼은 아프리카에 있는 시골 공동체와 기타 다른 지역에 있는 미래 세대들의 삶을 보다 쉽게 만들 수 있다.

피터 핸드릭스
(PIETER HERNDRIKSE)

그림 1. 큐 드럼, 피터스버그, 남아프리카 공화국.

그림 2. 남아프리카공화국 피터스버그 가까이 위치한 외진 시골에서 비교적 쉽게 큐 드럼을 끌고 있는 소년.

그림 3. 남아프리카 공화국 외진 시골에서 큐 드럼을 끌고 있는 여인.

그림 4. 남아프리카 공화국 외진 시골에서 플라스틱 용기에 물을 모으고 있는 여성과 어린이들.

그림 5. 전통적인 방식을 이용하고 있어 피곤해진 두 여성. 가난한 지역에서는 이렇게 무거운 용기를 머리에 이고 옮기기 때문에 목과 척추에 심한 고통을 준다. 피터스버그 가까이 위치한 외진 시골.

1

무허가 공동체의 태양열 식당

세르지오 팔레로니
(Sergio Palleroni)

우리가 보통 불법 거주지역이라고 부르는 무허가 도시 정착지는 1960년대부터 멕시코 도시의 경관을 크게 변화시켜왔다. 그들은 급속히 현대화된 국가에서 세계화의 영향에 대한 명백한 증거물로 존재하고 있다. 미국 국경 인근 지역을 포함한 여러 도시들은 이런 무허가 정착지가 많기에 도시 전체가 불법 거주 지역으로 보이기도 한다. 이러한 공동체들은 깨끗한 물 또는 포장된 도로의 부족, 불충분한 하수 시스템, 인접지역 학교 또는 정부 행정력의 부재, 그리고 다른 심각한 문제들과 함께 기본적인 인프라 시설이 부족하다.

이러한 도시 경관의 물리적인 변형은 멕시코의 사회 구조에 거대한 변화를 가져왔다. 미국으로 오는 이주 노동자 부인의 두 명 중 한 명은, 이동 경비가 없거나 지병이 있어서, 또는 부양가족이 있어 멕시코에 남게 된다. 이러한 상황은 공동체와 거주민들의 생존에 엄청난 부담을 야기하며, 과연 공동체가 물리적으로, 문화적으로 지속될 수 있을지에 대해 의문을 갖게 한다. 문화적인 분열과 이에 따르는 압력에도 불구하고, 공동체의 건축에 대한 오랜 전통은 무허가 정착지의 구심점으로 남아있다. 이 전통은 공동체의 역량강화에 대한 열정과 함께 발전적인 미래의 개발을 위해 버릴 수 없는 자원이다.

2004~05년 호세 마리아 모렐로 태양열 식당

2004년, 펜실베이니아 주립대학교, 워싱턴 대학교, 그리고 다른 대학들의 교수진과 학생들의 공동작업인 베이직 이니셔티브(BASIC inititative)의 12번째 프로젝트로 테잘파와 히우테펙(Tejalpa-Jiutepec) 거주지역이 선정됐다.

그림 1. 태양열 식당은 아이들의 놀이 공간을 침범하지 않도록 이미 있던 테라스위에 지어졌다.

이 지역은 전 세계적인 거대 농업시장과 더 이상 경쟁할 수 없었던 농민들이 대거 유입되면서 십 년 만에 열두 배나 성장한 곳이었다. 이 프로젝트의 목적은 십여 년 전 테잘파와 히우테펙의 무허가 거주민들 일부가 지은 호세 마리아 모렐로 학교 일부를 개량해 태양열 식당을 설치하는 것이었다(그림 1). 우리가 1980년 후반부터 함께 일해 왔던 해당 지역의 가장 남쪽 끝에 소재한 동 학교는 4천 년 전부터 원주민들이 경작을 해왔던 농경지에 위치해 있다. 그 학교는 원주민들이 지난 4천 년 동안 그 지역에서 사용해왔던 경작용 테라스 위에 지어졌다. 커져가는 불법거주자 공동체를 위해 우리가 지어왔던 많은 공공건물처럼 이 학교는 언덕 위의 남겨진 땅에 지어졌으며 건물들 사이에는 360명의 초등학생 어린이들을 위한 작은 놀이 공간이 있다(그림 5).

2003년, 우리는 1킬로미터 떨어진 다른 초등학교 식당에서 태양열 오븐과 응축기 화덕의 디자인을 시험했다. 솔라일드(Solaird)의 독일 기술에 기초한 초기의 집열기 디자인에 태양을 따라가는 균형추를 설치했다. 기본적으로 기계 시스템은 자전거 부품을 사용했고 포물면 거울 표면을 위한 작은 거울은 지역 시장에서 싸게 구입했다. 이 태양 포물면 거울은 외부의 태양 에너지를 식당에 있는 냄비 또는 화덕에 모은다(그림3). 비록 외형은 복잡하지만 장치는 간단하며 저렴한 방법으로 태양열을 이용하는 방법이다. 이 장치는 학교가 학생들의 급식을 준비하는 데 드는 비용을 줄여준다. 학부모들은 자기 아이들에게 영양분을 보충하고 급식 가격을 낮추기 위해 학교에서 급식팀을 운영하고 있다(그림 2). 중앙정부에 의해 운영되는 학교들은 어머니들이 학교 안에서 아이들을 위해 요리하는 것을 허용하는 것에 동의했다. 이것은 우리와 거의 이십 년 동안 함께 일하고 있는 비영리단체인 코무니다드

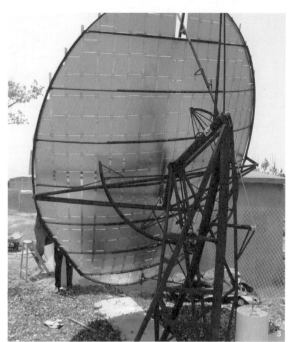

AC(Comunidad AC)에서 이루어낸 주요한 정책적 승리이다. 남겨진 과제는 태양열 식당의 아이디어를 무허가 공동체의 필요와 상황에 대한 생태적 반응이라는 관점에서 생각하는 것이었다(그림 6).

　프로젝트에 참가했던 학생들은 태양열 식당을 단지 전통적인 에너지 필요를 충족시켜주는 곳일 뿐만 아니라 물과 화장실과 채광을 제공하며 공동체의 영양공급과 주택 건설에 대해 영향을 미칠 기회를 주는 곳으로 역할을 재정립하는 도전을 받아들였다. 다시 말하면, 학교 식당이 학부모 가정의 변화에까지 영향을 주는 것으로 과제를 재구성하였다. 이 공동체에 대한 분석에서 학생들은 이 식당이 급격하게 커지는 거주지에 생태학적으로 큰 영향을 미쳐왔다는 것을 발견했다. 이 식당의 디자인은 태양열 요리, 태양열 온수난방, 설거지물 정수용 필터 사용, 자연 채광과 같은 대안적이고 환경친화적이고 경제적인 기술의 결합을 통해서 이러한 관점을 반영했다. 또한, 펼쳐진 식사용 천막은 학생들이 빗물을 모아서 사용할 수 있도록 설치되었고 태양전지판을 설치하여 식당에 필요한 전기를 얻을 수 있게 했다.

테잘파와 히우테펙에는 이미 세 개의 태양열 식당 모델이 있고 주민들의 재촉으로 지방정부는 앞으로 몇 년간 대여섯 개의 태양열 식당을 더 건설하는 데 자금을 지원하기로 했다(그림 4).

그림 2. 태양열식당을 만들기 이전에 어머니들은 거리에서 아이들 점심을 준비했다.

그림 3. 첫 번째 태양열 접시, 자전거부품으로 만든 균형추 구조를 보여준다.

그림 4. 가난한 공동체의 마을 회관으로 사용되고 있는 태양열 식당이 밤에 마을의 상징처럼 불을 밝히고 있다.

그림 5. 남겨진 토지와 이미 있던 경작용 테라스위에 지어진 학교

그림 6. 태양열 식당의 내부, 자연 채광은 태양열 식당의 필수조건이다.

생명선

쉐릴 헬러
(Cheryl Heller)

미국의 북동부 지방에서는 사람들이 봄 튤립을 미처 감상하기도 전에 사슴이 다 먹어버린다. 내가 사는 코네티컷에서는 호저(Porcupine)가 나무에 있는 사과와 배를 먹고, 야생 타조는 남아있는 블루베리를 모두 먹으며, 계절에 한 번 정도는 흑곰이 새 사육자를 공격하기도 한다. 이렇게 정원을 가진 사람들은 그 지역의 야생동물들보다 똑똑해지기 위해서 많은 에너지를 쓰지만 대부분은 실패한다.

그러나 만약 우리의 정원이 우리 가족의 먹을 식량과 수익의 유일한 원천이라고 상상해보자. 또한 이 정원에서 생산되는 것에 우리의 삶이 달려 있지만, 그 정원에 필사적으로 달려드는 6톤 무게의 코끼리 떼가 존재한다고 상상해보자. 하루 저녁에, 한 마리의 코끼리가 한 해 전체의 수확량에 해당하는 곡식들을 짓밟거나 먹어치울 수 있다. 게다가 그들은 보통 떼로 움직인다.

세계적으로 코끼리들이 야생의 상태로 살 수 있는 장소는 얼마 남지 않았다. 불법적인 벌목과 인구의 증가는 그들의 주거환경을 잠식하고 그들에게 음식을 찾아 헤매도록 강요한다(그림 1). 야생 코끼리의 생존에 가장 큰 위협을 하는 것은 더 이상 밀렵(비록 슬프게도 아직까지 만연하고 있지만)이 아니고 코끼리 주거환경의 잠식이다. 사람과 코끼리 간의 충돌은 치명적일 수 있다. 케냐에서는 지난 7년 동안 코끼리로 인해 200명의 사람이 죽고 그보다 훨씬 많은 사람들이 부상을 당했다. 반면에 야생동물 관리당국에 의해 일 년에 50에서 120마리 사이의 코끼리가 사살당한다. 코끼리들이 사람과 충돌하는 곳은 어디든 상황이 같다. 세계야생기금(WWF)의 과학자들은 이런 충돌을 방지하는 일에 도전하고 있다. 평화적인 해결책을 찾기 위해 인내와,

그림 1. 인도 코끼리(Elephas maimus bengalensis) 무리, 라자지 국립공원, 북인도.

그림 2. 베네티 부시후 (왼쪽) IRDNC 현장 근무자, 코르델리아 무요바(오른쪽) 콴두 보존지역 프로젝트 매니저가 주인과 함께 고추밭을 조사하고 있다. 콴두 보호지역, 동 카프리비, 나미비아, 2006년 2월

예리한 관찰, 그리고 발명이 필요한 부분이다. 코끼리들은 강하고 영리하고 완고하지만 치명적 약점을 가지고 있다는 것이 밝혀졌다. 그들은 매운 음식을 싫어한다. 이렇게 만들어진 칠리 펜스는 매운 고추기름과 엔진 그리스가 흠뻑 배어있는 간단한 마 새끼줄이다.

정원 주변에 칠리 펜스를 설치해놓으면, 코끼리의 예민한 피부를 찌른다. 코끼리로부터 가족의 식량을 보호하기 위한 첫 번째 방어선인 셈이다. 물론 싸움은 자주 거기서 끝나지 않는다(그림 2). 만약 칠리 펜스가 실패했다면, 마른 배설물을 고추기름에 적셔 불에 점화시킨 '칠리 폭탄'을 코끼리가 있는 쪽으로 던진다.

WWF는 아프리카와 아시아 지역에 이런 기술을 가르쳐왔다. 그 결과는 무척 인상적이었는데, 작물뿐 아니라 인명 피해가 극적으로 감소했고, 이로 인한 지역주민들의 건강상태도 개선됐다. 한 마을에서는 칠리 폭탄이 수컷 코끼리를 무척 노하게 하여서 나머지 무리를 이끌고 도망쳤다. 습격은 5주 동안 일어나지 않았고 마음 사람들이 10년 만에 처음으로 망고 수확을 하기에 충분한 시간을 가졌다.

이 문제에 대한 근본적인 해법이자 WWF 계획의 핵심은 불법 벌목을 줄이고 구역을 나누어 땅을 관리할 수 있도록 돕는 것이다. 그리하여 사람은 지속가능한 삶을 개발해나갈 수 있고 야생동물은 그들과 함께 평화롭게 살 수 있다.

처음에는 가난한 사람들의 다양한 요구와 자연세계가 조화될 수 없는 것처럼 보인다. 문명화된 사람들과 단체들은 이 문제를 반드시 공동으로 풀어야 한다. 이러한 간단한 끈이 이 같은 교훈을 주고 있는 것이다.

도약:
글로벌 혁신을
위한 디자인 전략

도약기술이란 주로 점진적인 발전의 역사 패턴을 뛰어넘는 결정적이고 급작스러운 기술의 발전을 일컬을 때 사용되는 용어이다. 그러나 이것을 개구리의 도약과 비유하는 것은 오해의 소지가 있다. 현재의 관행에 도전하는 새로운 아이디어를 창출하고 그 아이디어를 현실에서 실행하는 것은 시간을 거꾸로 행진해야 하는 것 같은 상상력을 요구한다. 먼저 개구리가 점프를 하고 어디에 발을 디딜지 미래를 상상해보고 그 미래의 자리에서 무엇이 일어날 수 있는지와 그 자리에 대한 이해력과 지식을 쌓는다. 다음에는 그 지식을 현재에 다시 가져와서 당신이 상상한 미래의 자리에 가는 데에 나타날 수 있는 장애물을 찾아보고 이에 따라 앞으로 나가야 할 길을 디자인한다. 이러한 혁신은 단 한번의 대도약이기보다는 작지만 꾸준하게 이루어진 현재 상황에 대한 긍정적인 파괴력을 지닌 일련의 도약들로 이뤄져있다.

이동전등 프로젝트는 디자인 연구와 사회활동 간의 교차점이 있을 것이라는 생각에서 시작됐다. KVA의 재료 연구실인 MATx는 반도체 재료를 섬유, 건축재료 및 건축과 결합시키기 위한 디자인 전략을 연구하는 업무를 수행한다(그림 1). 에너지 효율이 높은 LED는 전력 소모가 매우 적지만 밝은 빛을 발할 수 있다. 광기전(photovoltaic, PV) 소재가 태양광을 전기로 전환하기 때문이다.

그림 1. 시골 마을의 학생에게 유용한 이동전등 독서 매트를 세워놓은 모습. 디자이너: 이동전등팀, KVA MATx.

여기서 미래를 향한 우리의 질문은 '어떻게 하면 유연성을 지닌 전자 제품의 가능성과 현재의 컴퓨터 디자인과 제조 능력을 결합해서 전기 없이 사는 20억 명의 사람들에게 효율적으로 제공할 수 있는 새로운 형태의 독립적인 인프라를 구축할 수 있을까?'였다.

이 프로젝트는 다음과 같은 주요한 기준을 만족시켜야 했다. 1) 새롭게 구축될 인프라는 중앙에서 건물의 전력시스템을 통제하는 전력그리드모델과는 달라야 한다. 2) 전적으로 독립적이고 단순해야 한다. 3) 전등 시스템은 이동비용을 줄이기 위해 가벼워야 하며, 수송 또는 사용 시 깨지지 않을 만큼 강해야 한다. 4) 제품들은 수년간 사용할 수 있어야 하며 부품들은 쉽게 교체, 제작 및 재활용이 가능해야 한다. 5) 가격이 충분히 저렴하고 개조가 용이하여 다양한 문화에서 다양한 목적으로 사용가능 해야 한다. 6) 시스템의 사이즈와 모양은 시간에 따른 변형에 민감하지 않도록 유연하고 분해 및 재조립이 가능해야 한다. 7) 마지막으로 이 새로운 인프라는 사용자로 하여금 이 새로운 기술과 접촉하고 사용하려는 의지를 불러일으킬 만큼 새로운 효과를 가져와야 한다.

이러한 특성은 이동전등의 디자인을 위한 기준이 되었고 우리가 이미 가지고 있던 것과 지금 당장 해야만 하는 것들에 대한 새로운 시각을 제공해주었다. 재생 가능하고 분산되어 있는 시스템으로서의 이동전등은 독립적인 광엔진이며, 유연하고 다양한 모양으로 변형이 가능한 천의 형태를 띠고

셰일라 케네디
(SHEILA KENNEDY)

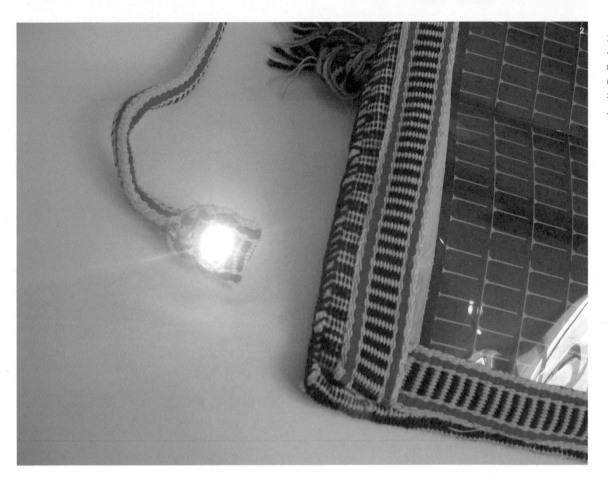

그림 2. 수평직기로 짠 에너지
생산 가방. 디자이너: 에스뗄라
에르난데스와 딸. KVA MATx의
이동전등팀이 디자인한 유연한
전자제품을 사용하여 가방을 제작함.
시에라 마드레, 멕시코.

있다. 이동전등은 보행자 표시등의 밝은 LED, 식기세척기의
방수 스위치, 그리고 휴대폰의 이차전지를 사용한다. 이러한
부품들은 선진국에서 널리 사용되는 전자제품에서 가져다 쓸
수 있었다. 기존의 제조업자에게 그들의 표준화되고 저렴한
기술이 이동전등이라는 새로운 시장에서 새로운 부가가치를
창출한다는 것을 보여줌으로써 저가에 대량생산이 가능해졌다.

여기서 혁신은 기술 산업 내에서 가치에 대한 새로운
인식과, 전혀 연관성이 없어 보이는 부품들을 에너지를 생산하는
광기전 패널과 효율적으로 연결시키는 디지털 브리징 기술을
창출하는 과정에서 비롯되었다. 이러한 접근은 큰 의미에서
'재료의 오용'에 해당되며,[1] 흔한 기술부품으로부터 새로운 조각,
패키지 또는 관계를 상상할 수 있게 만든 '창조적 마취'라고 할 수
있다(그림 2). 신세대 디자이너들은 이러한 아이디어의 잠재력을
간과하지 않았다. 이들은 기술을 단순히 사용하는 것으로
만족하는 것이 아니라 소프트웨어 기술과 하드웨어 기술을
업로드, 분해, 해킹, 혼합 및 변형하는 것을 선택했다.

이동전등은 작고, 똑똑하고 센스 있게 디자인되었다. 반도체
조명 기술이 발전되거나 시장에 나오기만을 그저 기다리지 않고
디자인팀은 '적은 양의 빛과 전력이 어떻게 하면 이 프로젝트에
유용하게 사용될 수 있을까?'라고 질문한 것이다. 시스템의
제한된 용량을 늘릴 수 있도록 디자인된 디지털 전자제품들은
충전시간 대비 사용시간을 세 배 증가시켰고, 분배 지능
시스템은 여러 개의 이동전등들을 따로 충전할 때보다 함께
충전할 때 훨씬 더 빠르게 충전할 수 있도록 했다.[2] 이동전등은
육로 및 항공 운송과 관련된 비용을 낮춤으로써 빠른 보급을

가능하게 했다

완전하게 이동가능하고 개별화된 시스템으로서 이동전등은
효율적이고 효과적이다. 사용자는 제품을 가지고 다님으로써
전등과 전기를 언제 어디서나 사용할 수 있다. 이동전등에 대한
필요는 대체적으로 긴급한 경우이기 때문에 빠르게 사용할 수
있도록 크기가 작다. 여기서 사용되는 휴대폰용 배터리는 커다란
실리콘 패널 태양광 시스템을 사용한 배터리와 달리 국제
운송이나 세관도 무난하게 통과한다.

이동전등은 대부분의 문화권에서 익숙한 재료인 천으로
만들어졌다. 이는 여성의 참여와 여성의 전기사용을 편하게
유도한다. 농촌 마을에서 여성은 많은 노동을 하는 취약한
계층이기 때문이다. 비정부기구인 우이촐 센터(Centro
Huichol)와 로키산맥협회(Rocky Mountain Institute)와
협력하는 과정에서, 이동전등의 첫 번째 시범사업의 대상으로
멕시코의 서부 시에라 마드레 지역의 반유목민인 원주민
윅사리아(Wixaria, Huichol)족이 선정되었다. 서부 시에라
마드레에서는 빛에 대한 접근은 어두움의 부재 이상의 의미를
지닌다. 전등은 우이촐족에게 여러 개의 핵심적인 사회적 자원에
대한 접근성을 강화했다. 마을에서 교육과 산업에 대해 선택할
수 있게 하며 외진 곳에서 활동하는 의사와 응급구조대의 의료
관리의 수준을 향상시켰다.

누에보 꼴로니아의 우이촐 마을 아이들은 정부에서
운영하는 초등학교에서 일주일 동안 생활하려고 매주 일요일
여러 개의 산을 오르고 내려와야 한다. 허름한 철제 침대로
꽉 들어찬 기숙사이지만 아이들에게는 이곳이 더 좋은

환경이라고 한 교사가 말했다. 아이들이 사는 고산지역과는 달리 기숙사에서는 하루에 두 번 식사할 수 있기 때문이다. 물이 새고 악취가 나고 어두운 시멘트 화장실에도 불구하고 왜 아이들이 그리 깨끗하지 않은 강물로 씻는 것을 즐기는지 이해할 수 있는 대목이다. 한 명은 멕시코인이고 다른 한 명은 우이촐인인 두 교사는 모든 아이에게 이동전등을 제공하고자 한다. 등교할 때마다 험한 산길을 걸어야 하는 아이들에게 유용할 뿐만 아니라, 공부할 때나 가족과 일할 때도 사용할 수 있기 때문이다.

우이촐족의 남성과 그 가족은 매년 시에라 지역의 나야릿 해변으로 간다. 담배농장에 고용된 그들은 낮에 일하는 동안 대부분 규제받지 않는 유해한 농약에 노출된다.[3] 하지만 이동전등을 사용함으로써 밤에도 일을 할 수 있기 때문에 가족의 건강과 경제적인 면에서도 유용하다. 시에라 지역에서는 전등을 사용하는 것은 한 가정의 소득 향상과 직결된다. 특히, 이것은 대가족의 가장인 여성에게 있어서 매우 중요하다(그림 3). 토르티야 샌들, 직물 및 구슬 세공 등 특정한 필요에 맞추어 빛이 직접적으로 나오거나 반사 또는 희미하게 표현되도록 맞춤형 제작도 가능하다.

기본 의료의 문제, 아동사망 및 영양실조는 시에라 지역의 마을 주민에게 가장 빈번한 것이다. 국제관계센터는 멕시코에 있는 806개의 주요 원주민 공동체 중 83%를 '높은 또는 매우 높은' 소외계층으로 분류했는데, 이는 그들이 절대빈곤에 놓여있다는 것을 의미한다. 영양실조는 우이촐족 사람들의 사망원인 1위이다.[4] 우이촐 센터장인 수사나 발라데스는 이동전등팀과 국제구호단체인 플렌티(Plenty)에서 일하는 창의적인 사람이다. 이동전등이 있으면 우이촐족 여성은 산 아랫마을에서 판매하는 영양가가 낮고 비싼 인스턴트 음식을 사먹는 대신 영양가 있는 음식을 준비할 수 있다고 그녀는

주장한다.[5] 또한 이동전등은 이들의 기본 건강을 지키는 데 도움이 된다. 시에라 지역에 서식하는 유독성 전갈인 알라클란을 빨리 발견하여, 벽에 기어다니는 것을 죽일 수 있기 때문이다. 알라클란에게 물리면 성인은 매우 큰 고통을 겪게 되며 어린 아이의 경우는 사망에 이를 수도 있다.

매우 적은 양의 빛과 전력이 열악한 환경에 처한 사람들에게 큰 영향을 미치는 것을 이동전등 팀이 개발한 시제품들이 증명했다.[6] 그러나 이동전등의 유익성에는 나름의 딜레마가 따른다는 것을 이번 프로젝트를 통하여 직접 경험했다. 이러한 문제들은 유용하다. 왜냐하면 전력의 배분에 대한 우리의 가정들에 도전하는 질문들을 우리 스스로가 할 수 있기 때문이다.

타웨아미 또는 반딧불이라는 용어를 우이촐족이 사용하는 것으로 보아 이들의 역사와 문화 속에서 발광재료에 대한 이해가 이미 있다는 것이 놀랍지 않은가?[7] 또는 시에라의 조건 속에서 우이촐족이 디지털 전등을 사용하는 모습이 교훈적인 시각을 제공하고 이러한 이동기술의 응용 영역과 재료의 가능성을 확장한다는 것이 또한 놀랍지 않은가? 학교교사는 이동전등을 그녀의 휴대폰 전지를 충전하는 데에 사용하고 싶어 한다. 의사는 외진 마을의 여성들을 진료하기 위해서 이동전등을 소지하고 다니기를 원한다. 이동전등에서 쓰이는 반도체 기술은 물 한 컵을 정화하거나 의료기기를 소독하는 데 사용할 수 있다. HBLED 발광의 부산물인 발열은 겨울철에 아이들의 꽁꽁 언 손을 녹여주는 손난로 역할을 하기도 한다.

산 안드레스 지역의 위사리아 공동체와 이동전등의 관련성을 연구 중인 인류학 박사 스테이스 쉐퍼가 그의 책에서 언급했듯이,[8] 여성 직공이 자기만의 이동전등을 직접 만들고 싶어할 때 소비자와 생산자 간의 경제적인 관계식은 어떻게

혁신의 역할이 새롭게 정의되고 있다. 이러한 흐름은 창의적이고 전략적이고 윤리적인 사고가 디자인 세계에서 필요하게 되었으며, 현재 해결책이 없는 복잡하고 거대한 문제들을 대면하는 용기와 인내와 의지가 요구됨을 뜻한다. 디자인 분야가 각종 대학 연구센터와 제조업체와 협력하여 위에 언급된 도전에 획기적이고 실질적인 접근을 제공할 수 있다면, 새로운 차원의 공적인 영향력을 끼치고 감독의 역할을 수행할 수 있을 것이다. 그리고 결국 디자인은 오늘날의 지식기반 경제에서 요구하는 응용 사고의 중요한 부분을 창조해낼 것이다.

변화하고, 이 기술의 제작권과 소유권의 문제는 어떻게 되는가? 이동전등 전자제품 키트를 사용하여 여성 직공들은 백스트랩 직조기나 천 년 이상 된 메조아메리칸 직조기술을 통해 그들만의 발광천을 제조할 수가 있었다(그림 4). 쿠시라(벨트)나 크찌우리(가방)에 이동전등을 결합함으로써 우이촐 여성들은 그들이 속한 부족의 전통 활동을 지속하면서도 그들이 창출하는 새로운 경제에 기술 생산자로 참여할 수 있다. 이 여성들은 그들이 생산하는 이동전등에 대한 소유권을 행사할 수 있다. 다른 공동체에 물물교환을 하거나 판매하고 뿌에르따 바야르따나 사까떼까스 지역에 오는 관광객에게도 팔 수 있다(그림 5).

　　전력을 제공하는 데 있어서 누구에게 얼마에 제공하는 것이 적당한가? 요금이 비싸고 장소가 고정되어 있어서 혜택을 보지 못하는 사람들을 위해 기존의 전기그리드 시스템을 작지만 효율적인 부품들로 이루어진 분산전원인 이동전등으로 대체할 수 있다.[9]

　　이러한 인류의 필요성에 직면하면, 전력을 조금이라도 제공해야 한다는 논리가 전혀 제공하지 말아야 한다는 것보다 훨씬 더 설득력이 있다.[10] 그러나 이러한 프로젝트들이 지역사회의 장기적인 필요에 적절하게 대응할 것이라 기대할 수 있을까? 지구의 다른 한편에서는 중앙집중적이고 낭비적인 인프라에 대한 투자가 아무런 문제 제기 없이 계속 진행하고 있다는 것을 감안하면 이러한 질문은 의미가 있다. 특히 기존의 투자가 지구환경에 해를 끼치거나 높은 유지비를 초래한다면 말이다. 분산 에너지를 다양한 소재와 결합하는 가능성을 보여준 이동전등과 같은 프로젝트들을 미국에 새로운 모델로 적용함으로써 이러한 추세의 방향을 바꿀 수 있다.

　　깨끗한 물, 의료서비스, 전력, 그리고 교육에 대한 전 세계적인 필요가 더욱 깊어지는 이 때에 디자인과 산업에서의

그림 4. 멕시코 시에라 마드레의 산 안드레스 지역의 에스뗄라 에르난데스는 그녀가 직접 짠 가방에 PV 단자들을 꿰메고 있다.

그림 5. 에스뗄라 에르난네스와 그녀의 딸이 디자인하고 제작한 발광가방. 끄찌우리 위위리떼(벨트끈) 전통 직조방법은 HBLED와 전선을 둘러싸는 데 사용된다. 시에라 마드레, 멕시코.

5

카트리나
가구 프로젝트

"지속가능성으로 가는 길은 미리 계획될 수 없기 때문에 시행착오와 의식적인 실험을 통해 개척되어야 한다. 가장 시급한 일은 실험을 통해 얻은 불완전한 지식을 적용 가능한 관리와 사회학습과 통합할 수 있는 전략과 기관을 고안하는 일이다."
브루스 알버츠(Bruce Alberts, 미국 과학한림원장)[1]

2005년 8월 허리케인 카트리나는 선진국에서 점차 큰 부분을 차지하는 빈곤과 저개발, 그리고 미국 내에 존재하는 심각한 경제적, 사회적 불평등을 드러냈다. 긍정적인 시각에서는 이 재앙은 황폐해진 지역을 돕는 데 있어서 디자인 분야의 교수와 학생들의 전국적인 움직임을 이끌어냈다고 볼 수 있다.

이 움직임의 한 가지 예로, 텍사스 대학이 디자인봉사단(Design Corps), 아트센터 디자인 대학과 펜실베이니아 주립대학의 하머 센터와의 협력 아래 진행하는 '카트리나 가구 프로젝트'를 들 수 있다. 이 프로젝트의 핵심은 허리케인 카트리나로 집과 일터를 잃은 걸프만 주민들에게 가구 만들기 워크숍을 통해 직업훈련을 돕고, 이 지역 사회에 새로운 경제적 기회를 제공하는 것에 있다. 또한 이들에게 재건축을 위한 자원을 제공하고, 카트리나로 인한 건축 파편 등을 재활용할 수 있게 한다. (이 재활용 사업은 프로젝트의 일원인 자선봉사단(Mercy Corps)이 먼저 시작하였다.) 카트리나 가구 프로젝트는 뉴올리언스에 기반을 둔 비영리 지역사회단체로, 태풍 피해를 입은 지역 주민의 경제적, 사회적 혜택을 위해 운영하고 있다. 이 프로젝트는 디자인이 건축가들만의 활동이 아니라 변화를 수반할 수 있는 복잡한 사회 과정이라고 강조한다. 텍사스 대학교 오스틴 캠퍼스, 디자인봉사단 그리고 로즈 펠로우쉽의 연합체인 '지역사회 디자인

그림 1. 뉴올리언즈 지역의 퍼스트블랙침례교회 앞마당에 설치된 예배용 의자 완성품

펠로우쉽'(Community Design Fellowship)은 젊은 건축가와 학생들이 일과 삶을 통해서 다른 사람들에게 봉사할 수 있도록 준비시킨다. 가구 만들기 워크숍은 마을 주민들에게 가구공예를 가르치고, 필요한 경우 이 워크숍을 핵심적인 비즈니스 모델에 따라 안전하게 운영하는 기본적인 방법을 가르친다.

이 프로젝트는 프로젝트에 참가하는 대학의 교수, 학생들이 이끌고 있으며 각 지역의 예술 기관의 도움을 받고 있다. 가구 만들기 워크숍은 지역 사회의 일터, 배움터 그리고 마을 회관 같은 여러 가지 기능을 수행하는 것을 목적으로 한다. 한 예로, 주말 워크숍에서는 무너진 집을 다시 짓고자 하는 주민들에게 필요한 기구와 도구, 전문기술을 제공하고 있다.

이 단체의 사업 계획, 도구의 구입 그리고 카트리나 가구 워크숍에서 만든 제품의 마케팅은 프로젝트에 참가하는 대학의 경영대, 지역은행, 지역교회의 도움을 받는다. 이 협력자들은 각 지역공동체에서 기부 받은 건물들을 워크숍을 위한 건물로 재건축하고 있는데, 이는 프로젝트에 참여하는 주민과 학생들의 능력배양을 도울 뿐 아니라, 앞으로 생길 가구 제조 워크숍들 간의 신뢰와 대화채널을 구축하는 일에도 도움을 준다.

2006년 여름, 텍사스 대학의 학생, 교수진과 디자인봉사단이 세 가지의 즉각적인 필요를 채워줄 세 가지 가구(교회 예배의자, 식탁 테이블, 의자)의 시제품을 만들었다. 이 가구들은 피해지역의 파괴된 900여 개 교회가 예배를 드릴 수 있는 예배의자, 텍사스, 루이지애나 그리고 미시시피 지역에 재정착하는 주민들을 일상적인 생활로 되돌려줄 식탁 테이블 그리고 디자인위드인리치(Design Within Reach)와 같은 소매상의 대량 판매를 통해 그 지역의 소득을 창출해줄 의자이다.

이 세 가구들은 모두 재난 현장에서 구한 사이프러스 나무와

세르지오 팔레로니
(Sergio Palleroni)

대왕송으로 만들어졌다. 이 두 나무는 뉴올리언스 대부분의 지역에서 광범위하게 사용된 재목으로 아름다움과 뛰어난 기후 적응력에도 불구하고, 도시를 재건축하는 데 사용되기에 종종 사라져버린다. 학생들은 각 나무의 능력과 질을 이해하고 또 그것을 살리기 위해 이 시제품들로 여러 가지 실험을 한다. 이러한 과정은 지역의 경제적 수익을 창출하는 첫 단계일 뿐이며, 이 프로젝트는 피해지역 주민들이 그들의 삶과 도시를 재건축하는 데 있어 지역 자원을 가장 유용하게 활용할 수 있는 방안을 찾아가는 모험으로써 계속될 것이다.

그림 2&4. '그린 프로젝트'가 피해 입은 건물을 철거하고 쓸 만한 재료들은 회수하고 있다.

그림 3. 일본식 계단형 걸상이나 상자 같이 가장 기본적인 가구를 만들 때에도 사이프러스나 뉴올리언스에서 많이 사용되는 나무들의 재질을 이해하는 것이 중요하다.

그림 5. 현장에서 수거된 19세기 양식의 지붕 널판지들은 뉴올리언스와 미시시피의 역사를 말해준다.

그림 6. 폐허에서 건져낸 19세기의 사이프러스 재목으로 만든 테이블

그림 7. 남부 오크나무 뿌리 위에 올려져 있는 일본식 박스

소외된 자들에게 배우는 교훈:

진정한 공공건축을 위한 선언

존 피터슨
(John Perterson)

프랭크 게리(Frank O. Gehry)가 건축한 스페인 빌바오에 있는 솔로몬 구겐하임 미술관 같은 프로젝트들은 건축이 대중문화로서 각광받도록 하는 데 일조했지만, 현대 도시인들 삶에서 건축은 제한된 의미를 가진다. 학계에서 이루어지고 있는 몇몇의 예외적인 경우를 제외하면, 건축업 자체가 서비스업이 주를 이루기 때문에 수수료를 주는 고객이 있어야 진행되고 경제성을 따지는 모델을 따라야 하는 한계성을 지닌다. 이러한 점에서 고객의 요구를 넘어서 위험을 감수해야 하는 혁신적 시도는 좀처럼 시행되지 않으며, 고객의 요구에 따라 유연성 없이 진행되는 '건축자체를 위한 건축'을 추구하게 된다. 이러한 사고체계는 확연히 공공 영역과는 거리가 있다. 즉, 공공 영역에서는 가지각색의 정체성을 지닌 주체들이 끊임없이 사회구조를 발전시키려는 시도를 하기 때문에 종종 경제적, 사회적 세력과 대립해야 하는데 이는 건축가들의 입장에서는 피하고 싶은 복잡한 작업이다.

과거에 건축업이라는 것이 사회적으로 해야 할 역할이 있다고 여겨지던 때가 있었다. 사회적 조약 및 의제들은 '근대 건축 운동'과 1960년과 1970년대에 있었던 '사회적 옹호 운동'(Social Advocacy Movement)의 중요 요소였다. 그러나 두 시대 모두 이런 관점에서는 성공보다는 실패를 낳았다. 모더니즘이 들어서면서 공공 주택이나 도시 재개발이 이루어졌으나 이러한 시도들은 현대도시와 건축업에 해악적인 영향을 끼친다고 조롱받았다. 이러한 대규모의 건축 디자인의 반성으로, 1960~1970년대에 '옹호' 또는 '참여적인' 계획이 등장한다. 이 시기에 '밑에서부터'(bottom up) 시작하는 디자인이 등장한다. 즉, 모든 지역사회 구성원들이 건축 계획 및 디자인 작업에 참여하면서, 건축가들은 지역사회의 합의에 도달해야 하는 책임에서 크게 벗어날 수 있었고 이전 시기의 실수로부터 벗어날 수 있었다. 그러나 이때에도 건축

그림 1. 로베르토(Roberto): "Hace Falta Ingles. Es lo mas importatnte en conseguir trabajo."(나는 영어를 잘 못해요. 하지만 가장 중요한건 일을 시작하는 거예요)

디자인은 크게 개선되지 못했고, 복합적이며 공통적인 도시의 정체성을 건축 디자인에 통합하여 담지도 못했다. 다만, 다양한 사회 구성체의 요구와 희망을 느슨하게 통합할 수 있었다.

그러나 과거의 이러한 노력들이 건축가들을 보다 진보적인 해결책이나 변화를 추구해나아가야 하는 책임감으로부터 해방시키지는 못했다. 우리는 점차 증가하고 있는 계층 간의 분리를 경험하고 있다. 이는 사회적, 경제적 그리고 정치적인 성향, 공간 개념, 특히 공공 영역에서 보다 극명해지고 있다. 또한 전통적인 건축양식은 종종 새로운 사회 구조가 요구하는 바를 명백히 만족시키지 못하고 있다.

이러한 맥락에서 '공공건축'(Public Architecture)이라는 단체가 탄생했다. 우리 단체의 목적은 전통적인 건축시행에 제한받지 않는 독특하고 협동적인 기업을 통해서, 공익을 위해서 일하는 새로운 건축시행의 모델을 제시하는 데 있다. 그리고 이 조직이 가장 관심을 가지는 부분은 바로 고객이 누구인지를 파악하는 것이다. 이 고객들은 현대 도시 조건에서 소외되었고, 자신들의 목소리를 낼 수 없다. 그렇다고 해서 그들이 긍정적인 공공 경험이 주는 혜택을 누리지 말아야 함을 의미하지는 않는다.

사회 참여적 건축을 시작하면서 우리는 과거의 교훈을 명심했다. 근대주의 건축가들은 건축이 '유토피아'를 만들 수 있다고 보았다. 건축으로 현대 도시가 가지고 온 사회적 경제적 해악의 일부를 해소할 수 있으리라 생각했다. 그들이 건축의 사회적 책임에 대해서 지적한 것은 옳았지만, 건축 자체가 그렇게 거대한 문제들을 해소할 수 있는 능력이 있다고 믿은 것은 틀렸다. 그 후 시행된 참여적 접근방법은 공적인 목소리를 포함시키는 것 때문에 실패한 것이 아니다. 오히려, 디자이너가 전문적인 봉사에 대해서 잘못 해석한 결과, 전체적 합의를 위해 그들의 의견(전문성)을 드러내지 않았기 때문에 실패했다.

'공공건축'은 이런 맥락에서 '일용직 노동자 센터'(Day Labor Station) 프로젝트에 달려들었다. 미국에서는 매일 약 117,000명의 일용직 노동자들이 일을 찾는다. 이들 중 대부분이

히스패닉계의 남성이지만, 일용직을 구하는 인구의 구성은 다양한 성별과 인종이 뒤섞여 있다. 전국적으로 인력시장의 수가 점차 증가하고 있는 것으로 봐서는 일용직 노동자의 수도 증가하고 있는 듯하다. 이러한 증가는 늘어나고 있는 이민자 수를 반영할 뿐 아니라 미국 경제를 구성하고 있는 중요 산업, 즉, 건축업과 농업에서 저임금 노동자에 대한 요구가 증가하고 있음을 의미하기도 한다.

일용직 노동자의 삶과 작업은 대부분 통계에 잡히지 않으며, 비공식적인 경제활동, 즉, 공적인 영역 외곽에서 이루어진다. 비록 현재 진행 중인 이민에 관한 논란들로 인해 이들이 주목받고 있기는 하지만, 일용직 노동자들에게 새롭게 부가되는 관심이 이들을 공적인 영역으로 끌어내오지는 못한다. 일용직 노동자 집단은 사회적으로 뜨거운 쟁점으로 간주되지만, 이들은 여전히 얼굴 없이 존재하며 자신들의 입장을 전달하지 못하고 있다.

이렇게 소외된 사람들을 위해 우리는 현재 진행하고 있는 프로젝트에 사진인 엘레나 도프만(Elena Dorfman)을 함께 참여시켰다. 그녀가 찍은 강렬한 사진들은 우리가 찾고 있던 일용직 노동자 한 사람 한 사람이었다. 우리는 일용직 노동자들 각 개인을, 제대로 묘사되지 않는 집단의 낯선 사람이 아니라, 뚜렷한 요구, 믿음 그리고 욕망을 가지고 있는 사람으로서 관심을 기울이고 싶었다(그림 1~5).

희한하게도, 일용직 노동자들이 분쟁을 일으키는 공간은 그들이 일하는 곳이 아니라, 일을 찾기 위해 가는 곳이었다. 거리 모퉁이, 주유소 그리고 홈 디포(Home Depot)와 같은 대형마트 주차장의 이미지들이 뉴스나 텔레비전을 통해 매일 전달된다. 그러나 대부분의 경우에 이런 공간은 노동자들이 잠재적 고용주와 모이는 것 이상의 역할을 하지 못한다.

최근에 몇몇 시청과 비영리 기관이 공식적인 노조 사무실(Union-Hall) 모델에 기반한 일용직 센터를 만들기 위한 노력들이 있었는데, 이는 일용직 체제를 보다 법적으로 접근하게 만들었다.

그러나 이런 공간들은 엇갈린 결과를 낳았는데, 그 이유 중 하나는 일용직 센터를 디자인하고 건설하는 데 노동자들의 의견을 거의 반영하지 않았기 때문이었다. 따라서 그 공간에 대해 주인의식이 부족하게 되고 일용직 노동자가 가지고 있는 사회적, 전문적 구조를 반영하지 못하게 되었다(그림 6).

일용직 노동자 센터에 대한 제안을 하면서, '공공건축'은 시청과 비영리기관이 아닌 일용직 노동자들을 고객으로 여기게 되었다. 따라서 일용직 노동자들의 개인적 또는 집단적인 목소리들(즉, 그들이 처한 현실과 필요한 점 그리고 욕구)을 인정해주려 한다. 일용직 노동자들의 삶을 지탱하는 사회적 구조를 어디에든 갖다 붙일 수 있는 부속품이 아니라, 디자인이 기본을 두어야할 철근 구조로 해석했다(그림 7). 이러한 관점에서 보다 심화된 연구와 창의적인 발견이 이루어졌는데, '공공건축'은 일용직 노동자들에게 제도적, 공간적 가시성을 제공하고, 새로운 시각에서 그들의 존재에 관한 논의에 참여하게 됐다.

남아프리카 출신인 아인 로우(Iain Low)는 모든 건축이 "무엇이 가능한지에 대한 선언"이 될 수 있다고 했다. '공공건축'은 일용직 노동자 센터와 같은 프로젝트를 통해서 철학적 접근이 건물뿐 아니라 모든 공간에 적용되어야 한다고 주장한다. 건축이 복잡한 사회구조에 영향을 미치기 위한 참여적인 책임감을 가지고 공공영역에서 작동할 때, 그들 스스로를 위한 가능성뿐 아니라, 전체 건축영역 그리고 사회 전반에 가지게 될 가능성은 무궁무진하다.

그림 4. 지저스(Jesus): Esperado el dia y nada- nada para dar a la familia, nada para la renta, ya nada para comer"(하루 종일 기다려봐도 일자리가 없어요. 식구들에게 보낼 것도, 밥값을 낼 돈도 먹을 것도 없어요)

그림 5. 가브리엘(Gabriel)" He estudiando aqui hablo en Inglles, He intentado buscar trabajo en los hoteles, los restaurantes. Pero lo primero lo quieran son lons documnetos"(전 미국에서 공부해서 영어도 할 줄 알아요. 호텔이나 레스토랑에서 일을 찾아보았지만, 서류만 내라고 하더라고요)

그림 6. 일용직 노동자 센터 3차원 이미지

그림 7. 일용직 노동자 센터, 평면도

일용직 노동자 센터
(디자인 컨셉 도면)

운용 계획
■ 운영 중일 때 (다양한 용도로 구성요소가 배치됨)
■ 운영이 종료됐을 때 (컨테이너식으로 정리됨)

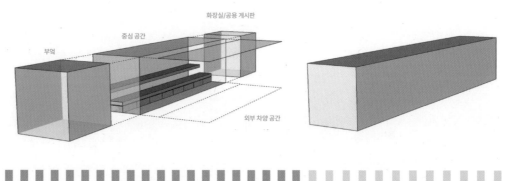

화장실/공용 게시판

중심 공간

부엌

외부 차양 공간

운영 중일 때

운영이 종료됐을 때

6

여러 형태의 쓰임
□ 실내 붙박이 좌석공간
■ 서비스 공간
┆ 차양막 설치공간
■ 이동식 좌석

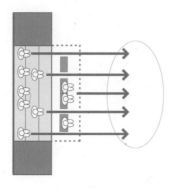

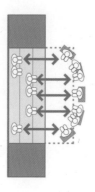

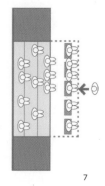

취업센터

회의공간

강의공간

7

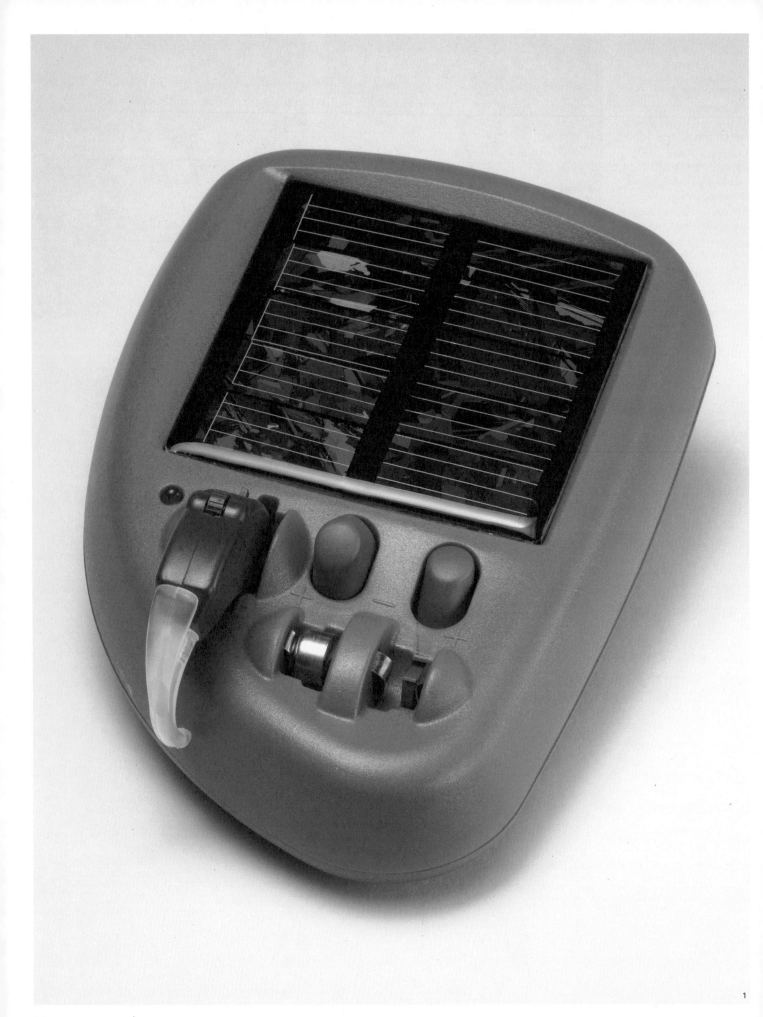

1

모두를 위한 청각

보츠와나(Botswana)에서 태양광을 사용한 보청기 배터리 충전기가 필요했던 이유는 무엇이었나요?

MN: 전 세계적으로 청각장애인의 수는 2억 7천8백만 명 이상입니다. 이들 중 80%가 보츠와나나 다른 아프리카 국가를 포함한 개발도상국에 살고 있습니다.
많은 청각장애인들이 학교 교육을 받거나 경제활동에 참여하지 못하는 것이 현실이에요. 그런 상황을 해결하기 위해 우리가 나서서 뭔가 해야 했습니다. 우리는 그들이 사회적으로 소외되지 않도록, 그러니까 학업을 계속하고 직장에서 일을 할 수 있는 능력을 갖추도록 돕고자 합니다.
시중에 보청기가 많이 나와 있는데도 많은 사람들이 그것들을 사용하지 않고 있습니다. 그 이유가 뭘까요? 비용을 감당할 수 없어서예요. 배터리 한 개 가격이 5달러에서 12달러 사이인데, 7일 정도 밖에 사용할 수 없습니다. 하루에 버는 돈이 5달러 미만인 빈곤국가의 사람들에게는 너무 비싼 거죠. 어떤 부모에게 '보청기'와 '식량', 둘 중에서 어떤 것을 선택하겠는가 물어본다고 합시다. 그럼 당연히 당장 더 필요한 것을 고르겠죠.
그래서 생각했어요. 이 지역에서 사람들이 비용을 지불할 수 있는 값싼 기술을 이용해야겠다고요. 2년에서 4년을 쓸 수 있는 충전용 배터리를 사용할 수 있다면 얼마나 좋겠습니까. 우리는 세계보건기구(WHO)에서 만든 가이드라인을 따라 이런 해결책을 내놓았습니다. 세계보건기구에서는 사람들이 비용을 지불할 수 있고, 따라서 계속해서 사용할 수 있는 보청기 개발을 원했어요(그림 1).
처음에는 몸에 부착하는 방식의 보청기로 시작했습니다.

그림 1. 보청기와 배터리 충전이 가능한 솔라 에이드 태양광 배터리 충전기

그런데 청각장애인들은 사람들 눈에 띄는 커다란 장치를 몸에 붙이고 다니는 것을 선호하지 않아요.

그래서 일반적으로 사용하는 귀걸이형 보청기를 생각했고, 거기에 맞는 배터리를 충전하기 위해 태양광 기술을 활용했습니다.

솔라 에이드(Solar Aid) 충전기의 디자인은 누가 했습니까?

MN: 그건 우리 팀의 합작품이라고 할 수 있어요. 충전기 디자인 작업에는 청각장애인이기도 한 우리 직원들과 관리팀도 참여를 했습니다. 물론 이사들도 매우 중요한 역할을 했습니다. 이사회에는 보청기 전문가, 청력학자, 엔지니어들이 있는데, 그들이 전문지식으로 우리를 많이 도와줬어요.

보청기는 보츠와나와 다른 나라의 청각장애인들에게 어떤 영향을 주었습니까?

MN: 확실히 큰 영향을 주었죠. 이제 더 이상 보청기를 사용하다가 배터리가 떨어졌다고 해서 보청기를 팽개쳐 두는 일은 없어요. 배터리를 다시 충전할 수 있으니 더 오랫동안 사용하게 된 겁니다. 물론 부담 없는 가격으로 말이지요. 일반적으로 보츠와나와 같은 개발도상국에서 사람들은 5달러짜리 배터리 한 개를 사기 위해 1,000킬로미터나 떨어진 곳까지도 가야합니다. 배터리를 사기 위해 차비를 더 써야 하는 거죠. 길어야 7일 정도 사용할 수 있는 배터리를 사기 위해서 말이에요. 배터리를 사러갔다가, 그 다음엔 어떻게 합니까? 다시 집으로 돌아와야지요. 충전식 배터리 사용으로 사람들은 시간과 돈을 절약할 수 있게 되었습니다.

충전기가 보츠와나와 다른 아프리카 국가에서만 사용되나요? 아니면 다른 지역에서도 사용이 되고 있나요?

모데스타 니렌다-자불라 (Modesta Nyirenda-Zabula, MN)와의 인터뷰

신시아 스미스 (Cynthia E. Smith)

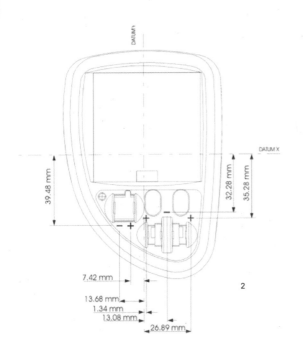

당신에 대해서 말씀해주세요. 고디샤 테크놀로지(Godisa Technologies)에는 어떻게 참여하게 되었습니까?

MN: 저는 1996년에 잠비아에서 부모님이 계시는 보츠와나로 이주했습니다. 그리고 보츠와나에 와서 처음 일하게 된 곳이 청각장애인협회(Society for the Deaf) 라는 기관이었는데, 당시에 청각장애인 학교 두 곳을 운영하고 있는 단체였어요. 청각장애인들과 함께 일을 하고, 친분을 맺었지요. 수화도 배우고, 청각장애인들의 문화를 익혔습니다. 장애 자체에 대해서 뿐만 아니라 청각장애인들이 겪는 어려움에 대해서도 이해하기 시작했죠. 거기서 4년 정도 일한 후에 계약기간이 끝나면서, 몇 달 정도 쉬려고 했어요. 그런데 청각장애인협회에서 일할 때 제가 상담을 한 청각장애인이 연락을 해왔습니다. 자신이 시작하려고 준비 중인 프로젝트에 대해서 저에게 이야기하는 거예요. 그리고 동시에 그 프로젝트의 코디네이터한테서도 연락이 왔습니다. 이미 저는 그 방면에 경험이 있었기 때문에, 프로젝트에 흔쾌히 참여하기로 마음을 먹었고, 그렇게 해서 2002년에 고디샤기술기금(Godisa Technologies Trust)에 참여하게 된 겁니다. 우리 팀은 캐나다에서 온 자원봉사자와 저, 이렇게 두 명으로 시작했는데, 그 자원봉사자 이름은 하워드 와인스타인(Howard Weinstein)으로 충전기를 디자인하는 작업을 함께했습니다. 그리고 청각장애인 20명 정도를 뽑아 훈련시켜서 최종적으로 10명을 채용했습니다. 고디샤 팀에서 처음으로 일할 사람으로 가장 훌륭한 인재 열 명을 뽑았던 거예요. 청각장애인들을 훈련시키는 일을 2002년부터 계속해서 진행시켜왔습니다. 우리는 지역사회의 청각장애인 학교를 통해 팀에 참여시키거나 우리가 일자리를 제공할 후보자를 뽑습니다. 보츠와나를 포함한 아프리카에서 청각장애인이 학교를 졸업하면서 바로 직장을 구하기란 정말 어려운 일입니다. 우리는 그들을 데려다가 훈련시켜 기량을 갖추도록 합니다. 청각장애가 있는 구직자가 일할 수 있는 곳이 있다면 우리는 그들이 거기서 일을 할 수 있도록 돕습니다.

그런 방식을 다른 나라에서도 시도할 계획인가요?

MN: 향후 계획에 포함되어 있습니다. 개발도상국에서 시도하려고 합니다. 남미나, 중동, 아니면 파키스탄을 생각하고 있는데, 그쪽에 필요한 작업을 함께 진행할 우리 파트너가 있습니다.

저비용으로 배터리를 충전하는 방법을 고안하는 것과 빈곤퇴치 사이에는 어떤 상관관계가 있을까요?

MN: 개발도상국에서는 의료 시스템의 개선이 필요합니다. 선천성 청각장애를 갖고 태어나는 어린이와 후천적으로 청각장애인이 되는 사람들에게는 도움이 절실해요. 청각장애인에 대한 지원이 초기에 이루어져서 그들이 가능하면 사회구성원으로서 잘 융화될 수 있도록 하는 것이 최상입니다. 그들에게는 다른 사회구성원과 어떻게 지내야 하는지, 사회에서 어떻게 살아가야 하는지, 어떻게 사회에서 소외되지 않고 살아갈 수 있는 지를 가르쳐주는 일이 필요합니다. 아프리카나

MN: 중남미와 아프리카, 그리고 아시아에 제품이 소개되어 있고, 가능하면 많은 개도국으로 확장해나가려고 합니다. 우리는 이 제품이 개발도상국에서 우선적으로 필요하다고 생각하고 있어요. 그렇지만, 선진국에도 제품을 필요로 하는 사람들이 많이 있습니다. 배터리는 어디서든 비싸거든요. 보청기를 사용하는 사람이라면 누구나 똑같은 문제를 겪고 있는 거죠.

제품을 선진국에도 소개를 하려고 하시는군요. 그렇다면 그 첫 번째 지역은 어디가 될까요? 관련해서 어떤 계획이 있습니까?

MN: 네, 아직 구체적이진 않습니다만, 미국과 유럽에도 진출하고 싶습니다. 어느 지역부터 시작할지는 생각 중이고요.

솔라 에이드 충전기 제작은 어디서 합니까?

MN: 보츠와나에서 합니다.

충전기 가격은 얼마입니까?

MN: 충전기만 하면 20달러이고, 배터리를 포함하면 24달러입니다.

현재 몇 대가 사용되고 있나요?

MN: 약 7,000대 정도가 사용되고 있습니다(그림 2).

회사 구성원 구성이 독특하신데요. 어떤 사람을 채용하십니까?

MN: 우리의 사명은 고용과 훈련 그리고 교육을 통해서 청각장애인에게 자율권을 부여하는 것입니다. 그리고 그 첫 번째가 개발도상국 사람들에게 저렴한 가격의 질 좋은 보청기를 제공하는 것입니다. 이러한 사명 때문에, 우리는 청각장애인들을 채용하는 것에 중점을 두고 있습니다. 현재 우리 팀의 90%가 청각장애가 있거나 다른 신체장애가 있는 사람들입니다.

3

다른 개발도상국의 현실은 어떤가 하면 청각장애가 늦은
시기에 인지됩니다. 10살 무렵에, 더 늦게는 청소년기가
되서야 말이에요. 그럼 문제가 악화되는 거예요. 예를 들어,
12살에 1학년에 들어간 아이는 그 나이에 모국어의 기초인
알파벳을 배우게 되는 겁니다. 그리고 이렇게 시작이 늦었기
때문에 이후 인생의 발전단계도 늦어지게 되죠. 결과적으로
이런 상황이 청각장애인에게 빈곤을 안겨주게 되는 겁니다.
진심으로 바라기로는 의료 시스템이 개선되고, 청각장애를 좀
더 빨리 인지해서 청각장애인들이 저렴한 비용으로 보청기를
지속적으로 사용할 수 있었으면 좋겠습니다.
우리는 첨단기술을 사용한 최고급 보청기를 사용하는 데 드는
비용을 감당할 수 없어요. 그런 제품이 지역 환경에 꼭 맞지도
않고요.
대체로 개발도상국에는 햇빛이 충분합니다. 태양광 기술보다 더
나은 대안이 어디 있겠어요? 그리고 배터리는 부족하니, 수명이
3년은 되는 배터리를 사용할 수 있다면 가장 좋겠죠. 빈곤퇴치와
저비용 배터리 충전은 이런 식으로 연관이 있는 거예요.
청각장애를 갖고 태어나는 사람에게 수단을 제공하고, 역량을
갖출 수 있도록 하면, 그 사람은 사회에 보다 잘 적응하게 됩니다.
교육을 받고, 직장을 구하고, 삶을 영위할 기회를 얻게 되는
거예요.

배터리 사용법을 설명해주시겠어요?

MN: 충전기의 태양 전지판을 햇빛에 둡니다. 낮 동안 태양
전지판이 에너지를 얻고 이를 저장합니다. 충전기 뒷면에 축전지
역할을 하는 AA배터리 두 개가 있습니다. 그렇지만, 배터리
없이도 보청기를 바로 충전할 수도 있습니다. 특별히 충전기에
보청기를 장착할 수 있도록 했습니다(그림 3).

보청기는 하루 종일 사용할 수 있습니다. 저녁 때 집에 돌아와
간단히 충전기에 꽂아주기만 하면 됩니다. 그럼 밤새 충전이
되지요. 보청기 없이, 충전용 배터리만 끼워 충전할 수도 있어요.
그러면 같은 방식으로 배터리도 밤새 충전이 되고, 다음날
사용할 수 있습니다.

83

항아리 속 항아리

저장고

나는 나이지리아의 시골 마을에서 자랐다. 이곳의 많은 마을들은 오지에 고립되어 있다. 대개 교통수단이 변변치 않고, 물도 부족하다. 이곳은 소위 저개발국이다. 따라서 이곳 사람들에게 전기공급은 쉽지 않은 일이다.

농부들에게 가장 큰 문제 중 하나는 그들의 수확물을 보존할 능력이 부족하다는 것이다. 이곳의 기후는 굉장히 혹독하다. 이곳은 매우 건조한 지역이다

흙으로 빚은 항아리는 토착적이고 전통적인 기술이다. 나는 그것이 무언가를 차갑게 식힐 수 있다는 것을 알았다. 당신은 그것을 단지 마실 물을 저장하는 데 사용할 수 있겠지만, 나는 '그것이 다른 것들을 위해서도 쓰일 수도 있지 않을까?'라는 생각이 들었다. 그래서 나는 항아리 사용법 개선을 시작했다.

'항아리 속 항아리'(Pot-in-Pot) 시스템은 바깥 쪽의 큰 항아리와 안쪽의 작은 항아리로 구성되어있다. 이제, 농부는 미세한 입자의 젖은 모래를 작은 안쪽항아리와 큰 바깥 쪽 항아리의 사이에 넣고 그 모래가 젖은 상태를 유지하도록 보호하고 유지시켜야 한다(그림 1).

시금치와 같은 작물은 일반적인 환경에서는 이틀 혹은 사흘간 보존되지만, 이런 식으로 보관하면 며칠간 유지할 수 있다(그림 2). 토마토는 일반적인 환경에서는 이틀 혹은 사흘간 보존되는 것과는 다르게 21일간 유지된다.

내가 이 시스템이 잘 작동한다는 것을 발견했을 때, 나는 우리 마을뿐 아니라 다섯 개의 다른 마을을 위한 첫 5,000개의 '항아리 속 항아리' 시스템 자금을 댔다(그림 3).

나는 이것이 시골 지역에서 삶의 혁신을 일으킬 수 있다는 생각에 흥분된다.

그림 4에 나오는 이 소녀들은 고로모(Goromo) 마을 출신이다. 그들은 망고와 같이 잘 상하는 물건들을 팔러 시장에 가고 있다. 이러한 소녀들은 내가 '항아리 속 항아리' 시스템을 전달해주고자 노력하고 있는 대상자들이다. 이 소녀들에게 학교에 가는 것은 말도 안 되는 소리였다. 그러나 이제, 모든 수확물들은 집에 있는 항아리 안에서 잘 보존되어 원하는 대로 팔 수 있으며, 그 소녀들은 자유롭게 학교로 돌아갈 수 있게 되었다(그림 5).

'항아리 속 항아리' 시스템은 전기를 필요로 하지 않는다. 항아리를 만드는 데 필요한 원재료는 전국에서 날 뿐 아니라, 나이지리아 같은 나라에서는 무료이다. (1억 1,400만 명 이상의 인구를 가진 나이지리아와 같은 나라에서 말이다!) 정부가 모든 것들의 공급자가 될 수는 없다. 사람들은 독립적이어야 한다. '항아리 속 항아리' 시스템은 이러한 사람들의 삶을 돕는 출발점이다.

모하메드 바 아바 (Mohammed Bah Abba)

(다큐멘터리 필름에서 발췌, Rolex Awards for Enterprise 제공)

그림 1. Dutse 지방의 시장에서의 '항아리 속 항아리', 나이지리아

그림 2. 두체 지방 시장에서의 '항아리 속 항아리'에 담긴 양파들, 나이지리아

그림 3. 매일의 사용을 위한 토기항아리가 팔리는 몇 안 되는 장소

그림 4. 고로모 마을 출신의 식료품 행상 소녀들, 나이지리아

그림 5. 아샤 살라가 수모르 초등학교에서 쓰기 수업을 듣고 있다.

그림 6. 토기 항아리들은 전통적으로 이 지방에서 사용되었으나, 그 사용이 점차 줄어왔다.

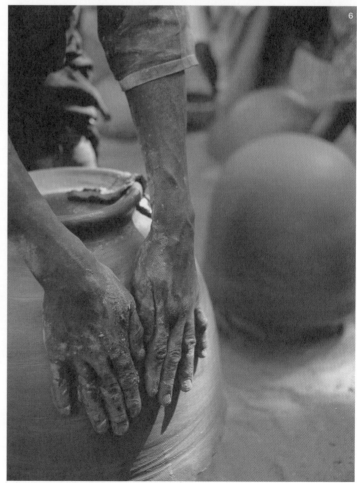

소외된 90%를 위한 디자인 전시작품들

EXHIBITION OBJECTS

AMD 개인용 인터넷 커뮤니케이터
(AMD Personal Internet Communicator)

디자이너 : M3디자인(M3Design)

생산자 : 솔렉트론(Solectron), FIC(미국, 멕시코, 브라질, 2004)

사용재료 : 주형 알루미늄 베이스, PC/ABS 플라스틱 2쪽 외부 쉘 마감재, TPE 트림 밴드, 고무 발, AMD Geode Gx 프로세서 10GB 3-5 내부 하드디스크, 나사

규격 : 높이 6.4cm × 너비 14.0cm × 길이 21.6cm

사용지역 : 브라질, 영국령 버진 제도, 인도, 자메이카, 멕시코, 파나마, 러시아, 남아프리카, 터키, 우간다, 미국

- M3디자인 제공

현재 인터넷을 사용할 수 있는 사람들은 전 세계 인구의 15% 미만이다. AMD의 개인용 인터넷 커뮤니케이터는 합리적인 가격에 인터넷 접속을 포함한 기본적인 컴퓨터 기능을 제공하기 위해 특별하게 만들어졌다. AMD의 50×15 이니셔티브는 2015년까지 전 세계의 50% 이상의 사람들이 인터넷 접속과 컴퓨터 사용을 할 수 있게 하기 위한 새로운 기술 발전과 대안 마련을 위해 노력하고 있다.

아이 다섯 명 중 한 명(약 4억 명)은 안전한 식수를 누리지 못하고 있다.

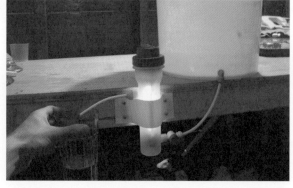
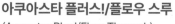

아쿠아스타 플러스!/플로우 스루
(Aquastar Plus!/Flow Through)

디자이너/생산자 : 메리디안 디자인(Meridian Design, 미국, 2005~06)

사용재료 : [아쿠아스타 플러스] 석영 유리, 아르곤가스, 저압수은증기(UVC 살균 램프), ABS 플라스틱, 폴리카보네이트 플라스틱 병(본체), 유리 섬유와 에폭시 수지회로 성분, 실리콘, 플라스틱, 주석 도금 플레이트 구리 리드(회로도), 리튬 전지; [플로우 스루] ABC 플라스틱

규격 : 높이 10.2cm × 너비 10.2cm × 길이 25.4cm

사용지역 : 호주, 보르네오, 과테말라, 인도, 말레이시아, 멕시코, 뉴질랜드, 니카라과, 페루

\- 메리디안 디자인 제공

아쿠아스타는 고급품 시장에서의 판매를 통해 개발도상국에 더욱 저렴한 가격에 제품을 공급하기 위한 자본 확보 수단으로 만들어졌다. 극한 조건을 경험하는 여행가, 군인, 그리고 구조대원 등이 더 고가인 아쿠아스타 플러스!를 사용하고 있다. 정화되지 않은 물을 병 안에 넣고, UV-C 광선을 쪼여서 병원균의 DNA와 RNA를 파괴하여 더 이상 전염성을 띄지 않게 정화시킨다. 아쿠아스타 플로우 스루는 한 번에 많은 양의 물을 정화시킨다. 작은 정수기로 지역 사회를 돕고 수입을 증가시킬 수 있다.

전 세계 8억 4천만 명 이상이 영양실조 상태에 있으며, 그 중 7억 9천9백만 명은 개발도상국에 거주한다.

대나무 페달 펌프
(Bamboo Treadle Pump)

디자이너 : 랑푸르/디나지푸르 루럴
　　서비스(Rangpur/Dinajpur Rural
　　Service)의 군나르 바네스(Gunnar
　　Barnes), 국제개발기업(IDE) 네팔 지부

생산자 : 다양한 중·소 현지 대장간(네팔,
　　방글라데시. 2006)

사용재료 : 금속, 플라스틱, 대나무

규격 : 높이 12.7cm × 너비 6.4cm ×
　　길이 17.8cm

사용지역 : 방글라데시, 캄보디아, 인도, 미얀마,
　　네팔, 잠비아

- 폴 폴락, IDE 제공

대나무 페달 펌프를 사용하여 가난한 농부들도 건기에 지하수를 사용할 수 있다. 페달과 지지대는 대나무 또는 저렴하고 주변에서 구하기 쉬운 재료들로 만들어졌다. 두 개의 금속 실린더와 피스톤으로 이루어져 있고 두 개의 페달을 위에서 밟아 작동시킨다. 대나무 페달 펌프는 지역 대장간에서 만들 수 있다. 방글라데시에서만 14억 달러의 농가 순이익이 났으며, 방글라데시를 포함해 여러 나라에서 170만 대 이상이 팔렸다.

대형 BODA 운송용 자전거
(Big Boda Load-Carrying Bicycle)

디자이너 : 월드바이크(WorldBike), 애덤
프렌치(Adam French) (1단계), 에드
루세로(Ed Lucero) (협력- 폴 프리드먼
(Paul Freedman), 맷 스나이더(Matt
Snyder), 로스 에반스(Ross Evans),
모세스 오드히암보(Moses Odhiambo),
제이콥(Jacob)) (2단계)

생산자 : 월드바이크(WorldBike), 오디히암보스
워크숍(Odhiambo's workshop)
(케냐, 2002~2005)

사용재료 : 연강, 파피루스로 짠 뒷좌석

규격 : 높이 213.4cm × 너비 121.9cm ×
길이 61.0cm

사용지역 : 케냐, 우간다

- 월드바이크 제공

대형 BODA 자전거는 수백 파운드의 화물을
나르거나 사람을 두 명 더 태워 나를 수
있으며 가격은 다른 종류의 인력을 사용하는
자전거들에 비해 매우 저렴하다. 이것은
개발도상국의 시장에서 상인과 손님 간에 서로
물건을 나르기 위한 운송수단으로 만들어졌다.
월드바이크는 원래 가장 흔하게 접할
수 있는 저가 중국산 1단 자전거에 맞게
'롱테일(Longtail)'이라는 이름의 프레임
확장을 디자인했었다. 이것을 2005년에 케냐
서부의 보다보다(Boda Boda) 자전거 택시
기사에게 적합하고 작은 공장에서도 제조하기
쉽게 재설계했다.

세라믹 정수기, 캄보디아
(Ceramic Water Filter, Cambodia)
디자이너 : 페르난도 마자리에고스
박사(Dr.Fernando Mazariegos),
론 리베라(Ron Rivera)(평화를 위한
도예가(Potters for Peace)),
국제개발기업(IDE) 캄보디아 지부
생산자 : IDE가 설립한 지역 민영 공장
(캄보디아, 2006)
사용재료 : 세라믹 점토, 플라스틱 컨테이너,
콜로이드 은 페인트
규격 : 높이 8.9cm × 너비 5.1cm ×
길이 5.1cm
- 폴 폴락, IDE 제공

세라믹 정수기, 네팔
(Ceramic Water Filter, Nepal)
디자이너 : 디팍 아드히카리(Deepak
Adhikari)(IDE), 리드 하비(Reid
Harvey)컨설턴트
생산자 : IDE 설립 지역 도예공방(네팔, 2006)
사용재료 : 세라믹 점토, 플라스틱 컨테이너,
콜로이드 은 페인트
규격 : 높이 8.9cm × 너비 5.1cm ×
길이 5.1cm
- 폴 폴락, IDE 제공

चाँदी लेपन गरिएको किटाणु रहीत

सफा फिल्टर

Silver Treated, Bacteria Free
SAFA FILTER

세라믹 정수기, 니카라과
(Ceramic Water Filter, Nicaragua)

디자이너 : 페르난도 마자리에고스 박사
(Dr.Fernando Mazariegos), 론 리베라
(Ron Rivera)(평화를 위한 도예가
(Potters for Peace))

생산자 : 필트론(Filtron)(니카라과, 과테말라,
2006)

사용재료 : 니카라과 현지 테라코타 점토, 톱밥

규격 : 높이 45.7cm × 지름 38.1cm

사용지역 : 캄보디아, 쿠바, 가나, 과테말라,
에콰도르, 엘살바도르, 아이티, 온두라스,
인도, 인도네시아(발리), 이라크, 멕시코,
미얀마, 네팔, 니카라과, 수단, 태국,
베트남

- 평화를 위한 도예가 제공

원래 과테말라의 화학자인 페르난도
마자리에고스 박사(Dr. Fernando
Mazareigos)가 디자인한 세라믹 정수기는
세라믹 재질과 항균성 콜로이드 은의 여과
능력이 결합되어 있다. 이 정수기로 인해
설사, 질병으로 인한 결석 및 결근, 그리고
의료비 지출이 급격히 줄어들어 가난한 지역
농가들의 기본적인 삶에 크게 영향을 미치고
있다. 사회학자이자 도예가인 '평화를 위한
도예가(Potters for Peace)'의 론 리베라가
14개국에서 각기 다른 16개의 소량 생산
설비를 이용하여 대량생산하는 방법을
표준화하기 위해 이 정수기를 재설계했다.
전 세계적으로 50만 명 이상의 사람들이 이
정수기를 이용하고 있다고 추정된다.

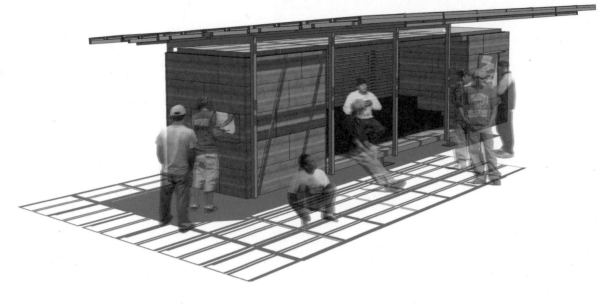

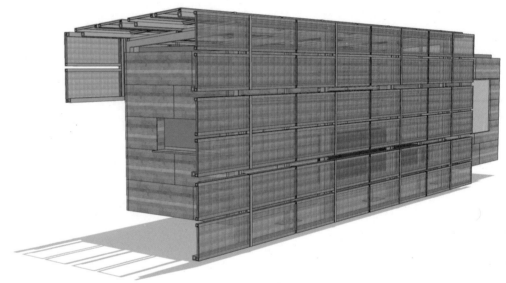

일용직 노동자 센터
(Day Labor Station)

디자이너 : 퍼블릭 아키텍처(Public Architecture): 존 피터슨(John Peterson)(디자인 디렉터), 리즈 오그부(Liz Ogbu)(디자이너/프로젝트 매니저)

생산자 : 라이언 컨스트럭션(Ryan Construction)(미국, 2006-07)

사용재료 : 목재, 금속

규격 : 높이 30.5cm × 너비 20.3cm × 길이 25.4cm × 차양 22.9cm

사용지역 : 미국

- 퍼블릭 아키텍처, 라이언 컨스트럭션 제공

다음 이들에게 감사 인사를 전한다.
안토니오, 가브리엘, 헤수스, 레오바르도, 로베르토(일용직 노동자), 존 캐리(대표 이사), 데브 그랜트(개발 디렉터), 퍼블릭 아키텍처, 라이언 어소시에이츠, 엘레나 도프만 포토그래피, 커크 우에스트, 멘드디자인, 레드클레이, 로빈 컬러, 사이먼 & 어소시에이츠, 신타크 스튜디오, 시드 엘킨스, 매트 이너링, 미셸 후어, 키엘 슈미트, 테일러 라이트

미국에서 매일 일자리를 찾아 헤매는 일용직 노동자들은 약 11만 7천 명으로 추정된다. 이 일용직 노동자 센터는 따로 직원을 두지 않고도, 일거리를 기다리는 일일 노동자들에게 조합회의, 여러 수업들, 그리고 위생시설 등의 편리 수단들을 제공한다. 이 유동성 있고 종합적인 건물은 노동자들 스스로가 지을 수 있게 설계되어 인력시장이나 인력사무소 근처에 배치됐다. 이곳에서 지역 단체들은 영어가 모국어가 아닌 사람들을 대상으로 하는 영어수업, 법률적 도움, 그리고 시민 권리에 대한 워크숍 등을 포함하는 수업들을 제공하기도 한다.

거의 20억에 가까운 인구가 기본적인 위생시설 없이 살아가고 있다.

원형 야외 화장실 뚜껑
(Domed Pit Latrine Slab Kit)

디자이너 : 마틴 피셔(Martin Fisher)

생산자 : 킥스타트 인터내셔널(Kick Start
International)(케냐, 1992)

사용재료 : *키트: 연철, 현지의 단단한 목재
*석판: 모래, 시멘트, 자갈, 와이어

규격 : 14.0cm × 14.0cm

사용지역 : 에티오피아, 케냐, 소말리아, 수단

- 킥스타트 인터내셔널 제공

킥스타트의 원형 야외 화장실 뚜껑의 디자인은
모잠비크에 있는 국가국토계획원(the
National Institute of Physical Planning)의
비존 브래드버그(Bjorn Brandberg)가 만든
야외화장실 뚜껑 콘셉트에 바탕을 두고 있다.
킥스타트는 비숙련 노동자들도 사용할 수 있는
간단하고 품질 좋은 뚜껑을 대량생산하기 위해
제품을 재설계했으며, 더 낮은 가격에 보다
나은 공중 위생을 제공할 수 있도록 전체적인
디자인을 향상시켰다. 필요 두께를 최소화시킨
돔 형태는 전형적인 철근 콘크리트 제품보다
싸며, 꼭 맞게 만들어진 뚜껑은 냄새가 나지
않으면서 파리가 들어오지 못하게 단단히
막아준다. 또한 와이어 손잡이는 햇빛을 받아
온도가 오르면서 미생물을 죽여 오염을 줄인다.
이 뚜껑은 현재 9만 개 이상의 야외화장실

뚜껑이 설치되어 있는 동아프리카 지역 난민
캠프에서 표준으로 사용되고 있다.

드립 관개 시스템
(Drip Irrigation System)

디자이너 : 국제개발기업(IDE) 인도
생산자 : 다수의 소규모 공장 (인도 2006)
사용재료 : 플라스틱 관 및 탱크
규격 : 높이 5.1cm × 너비 5.1cm ×
길이 20.3cm
어떤 형태의 기둥이나 지지대에도 달 수
있으며 어떤 크기나 모양으로도 제작할 수
있다.
사용국가 : 인도, 네팔, 잠비아, 짐바브웨
- 폴 폴락, IDE 제공

국제개발기업의 저가 드립 관개 시스템은
농부들이 소규모의 농장으로 시작해서
경제력이 증가함에 따라서 농지의 규모를
증대할 수 있도록 개발되었다. 주목할 점은 이
장치가 영리목적의 대형 농장들이 사용하는
전통적인 드립 시스템보다 싸다는 것이다.
연구결과에 의하면 이 드립 관개 시스템은 물
사용량을 30~70% 줄여주며 농산물 수확량을
50% 이상 증가시킨다. 작물의 품질이
좋아지고, 이는 수확량 증대와 높은 품질의
시장성 있는 작물생산을 위한 능률 향상으로
이어진다. 매우 낮은 수압에서도 작동하는
이 장치는 과일과 채소 작물들의 생산뿐만
아니라 옥수수와 밀, 목화 농사에도 이용된다.
지금까지 60만 대 이상이 판매되었다.

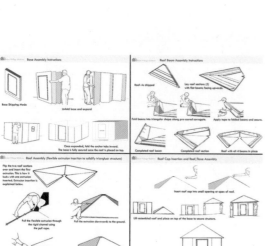

전 세계적으로 2천백만 명의 국내 피난민이 존재하며, 이와는 별도로 임시적인 거처가 필요한 천2백만 명의 국외난민과 망명신청자도 있다.

글로벌 마을 오두막
(Global Village Shelter)

디자이너 : 페라라 디자인, INC.(Ferrara Design, Inc.), 인간을 위한 건축 (Architecture for Humanity)

생산자 : 와이어하우저 컴퍼니 (Weyerhaeuser Company) (미국, 2004)

사용재료 : 내화 및 방수용 ABS 코팅이 된 3중 카드 보드

규격 : 높이 233.7cm × 너비 250.2cm × 길이 250.2cm

사용국가 : 아프가니스탄, 그레나다, 파키스탄, 남아시아, 미국

- 글로벌 빌리지 셸터스 제공

생분해성 판자들로 만들어진 글로벌 마을 오두막은 저렴한 가격의 임시 숙소로 18개월 정도 유지된다. 각 부분들이 미리 만들어진 상태로 운반되어, 조립하는 데 어떠한 도구도 필요하지 않아 세우기가 쉽다. 첫 번째 모델들은 아프가니스탄과 그레나다로 보내졌으며 후에는 아시아의 쓰나미 피해 지역과 지진에 의해 황폐화된 파키스탄의 아자드 카슈미르 지역, 그리고 허리케인 카트리나가 지나간 걸프만과 미시시피 지역에서 사용됐다.

2001년 현재, 전 세계적으로 약 27억 명이 하루에
2달러 이하로 생활하고 있다.

춤과 깃털의 집
(House of Dance and Feathers)
디자이너 : 로널드 루이스(Ronald Lewis)
생산자 : 프로젝트 로커스(Project-Locus),
래리 보운(Larry Bowne), 케이틀린
헤커톤(Caitlin Heckathorn), 캔자스
주립대학과 IIT, 그리고 캘리포니아 대학
버클리 캠퍼스의 학생 자원봉사자들
프로젝트 파트너 : 툴란대학의 툴란시티센터,
몬태나대학 환경학과, CITY 빌드(CITY
Build), 코먼 그라운드(Common
Ground)
기부자 : 찰스엥겔하트재단(Charles
Engelhart Foundation), 배리 M.
다우닝 재단(Barry M. Downing
Foundation), 루사이트 인터내셔널
(Lucite International), 플레이버
페이퍼(Flavor Paper), 라이트닝
Inc(Lighting Inc), 제너럴 일렉트릭
(General Electric), LJ 골드스타인
(LJ Goldstein), 그레인저(Grainger),
린웰드(Linweld), 내셔널 폴리펩
(National Polyfab), 셔윈 윌리엄즈
뉴올리언스(Sherwin Williams New
Orleans), 팔람(Parlam)(미국, 2006)
사용재료 : 콘크리트, 철근, 콘크리트 블록,
가공제재와 갑판, 철판, 합판 바닥재,
아연 도금 강철선 케이블, 스테인리스
턴버클, 재활용된 아연도금 금속 지붕,
폴리카보네이트 지붕 패널, CP 아크릴
패널, 3/4 캐비닛 그레이드 단풍나무
합판, 목재 착색제, 재활용된 엔티크 문,
재활용된 볼트, 알루미늄 현관문,
주문제작된 덕용 EMT 수도관과 배선,
맞춤 접속 배선함, 배수구, 스위치와
커버플레이트, 주문제작 스크린 인쇄
된 폴리우레탄 장판 마루, 재활용
스크린프레임 틀, 전시(진열) 패널,
스테인리스 코팅된 나무못 말판, 실내등,
RAB 증기 외부등, 민카(Minka) 천장 팬
크기 : 30.5cm × 81.3cm, 35.7m²

수문장 지팡이
(Gatekeeper Staff)
디자이너 : 알려지지 않음
생산자 : 미국에서 제작됨, 제작자와
제작년도는 알려지지 않음
사용재료 : 목재, 금속, 인조 털, 종, 리본,
스티로폼
규격 : 높이 172.2cm × 너비 12.7cm
- 로널드 루이스 제공

로널드 루이스(Ronald Lewis)의 춤과 깃털의
집은 제9구역의 빅 나인 소셜 에이드(Big Nine
Social Aid)의 가장 오래된 클럽인 플레져
클럽(Pleasure Club), 그리고 뉴올리언스
지역 인디언 부족인 마르디 그라(Mardi
Gras)를 기념한다. 로커스 프로젝트(Locus
Project)는 이 지역 고유의 문화에 대한
역사적 의식과 주체성의 복원을 돕기 위해서
허리케인 카트리나가 파괴한 기념관을
재건축했다. 이 참사에서 가장 심한 타격을
받은 희생자들은 피난할 수단이 없었던,
도시 중심가에서 열악한 조건의 생활을 하는
빈민들이었다. 뉴올리언스 지역에서만 10만 채
이상의 가옥이 파괴됐다. 폐허가 된 제9구역

저지대의 상징물인 이 박물관은 마을 주민을
위한 실용적이고 문화적인 디자인 자원으로
활용되기 위해서 재건축되었다. 지금은
크리올와일드웨스트(Creole Wild West)의
한 멤버가 선물한 수문장 지팡이가 이곳을
지키고 있다.

인터넷 마을 모토맨
(Internet Village Motoman)
사용지역 : 캄보디아, 코스타리카, 인도,
　　　　　파라과이, 르완다

네트워크
캄보디아를 위한 미국원조, 오퍼레이션 빌리지
헬스(Operation Village Health), 희망의
시아누크 병원 센터(Sihanouk Hospital
Center of Hope), 매사추세츠 종합병원/
하버드 의대

인터넷 접속기와 안테나
디자이너/생산자 : 유나이티드 빌리지,
　　　　　Inc.(United Village, Inc.), 하이퍼링크
　　　　　테크놀로지스, Inc.(HyperLink
　　　　　Technologies, Inc.)(미국, 2002-3년)
규격 : 높이 15.2cm × 너비 30.5cm ×
　　　길이 10.2cm(박스), 38.1cm(안테나)
- 아미르 알렉산더 하산 제공

태양광 패널
생산자 : 교세라 코퍼레이션(Kyocera
　　　　Corporation)(일본, 2006년)
규격 : 높이 101.6cm × 너비 64.8cm ×
　　　길이 6.4cm
- 교세라 코퍼레이션 제공

IPstar 광대역 위성 시스템
생산자 : 신 새틀라이트 Plc.(Shin Satellite
　　　　Plc.)
규격 : 지름 83.8cm
- 신 새틀라이트 Plc. 제공(태국)

헬멧
생산자 : S.Y.K 오토파트 임포트-엑스포트 Co.,
　　　　Ltd.(S.Y.K Autopart Import-Export
　　　　Co., Ltd.)(태국)
사용재료 : ABS 플라스틱
규격 : 높이 24.1cm × 너비 25.9cm ×
　　　길이 59.9cm
- 아메리칸 어시스턴스 포 캄보디아 제공

오토바이
디자이너/생산자 : 혼다 모터 Co., Inc.(Honda
　　　　Motor Co., Inc.(태국, 2002)
규격 : 높이 104.9cm × 너비 69.9cm ×
　　　길이 186.7cm
- 혼다 모터 제공

인터넷 마을 모토맨은 15개의 태양광 마을
학교, 원격 의료 진료소 그리고 캄보디아의
오지인 라타나키리의 관공서를 위하여
시작되었다. 5대의 혼다 오토바이에는 위성과
연결되는 인터넷 접속기가 장착되어 있다. 각
학교는 이메일을 주고받을 수 있고, 비 실시간
검색 엔진을 사용하여 인터넷을 사용할 수
있다. 이 네트워크는 미국원조를 통해 캄보디아
지역 200개 이상의 학교에서 운용되고 있다.
원격의료 진료소는 캄보디아의 오지에서
마을건강운영소를 통하여 이루어지며 이
진료소를 통해 환자는 매사추세츠 보스턴의
의사와 접촉할 수 있다. 프놈펜에서 온
방문간호사들은 6시간이나 트럭으로 이동하여
각 마을을 방문하여 환자를 면담하고, 검사하고
디지털 사진을 찍어 위성을 통해 태양광 발전
컴퓨터를 사용하여 보스턴의 의사에게 환자의
정보를 전해준다. 몇 시간 안에 의사가 의학적
소견과 처방 조언을 답해준다.

전 세계 인구의 15% 미만이 인터넷 접속이 가능하다.

카트리나 가구 프로젝트
(Katrina Furniture Project)

디자이너/생산자 : 텍사스 대학교와 아트센터
디자인 대학의 학생과 교수진
(미국, 2006년)

사용재료 : 허리케인 카트리나의 폐허에서
재활용한 나무

규격 : [예배용 의자]
(높이 × 너비)
81cm × 182.88cm
[계단식 의자]
(높이 x 너비 x 길이)
43.2cm × 45.7cm × 20.3cm
50.8cm × 22.9cm × 25.4cm
50.8cm × 19.1cm × 25.4cm

[테이블]
73.7cm × 86.4cm × 182.9cm

사용국가 : 미국

- 세르지오 팔레로니와 베이직 이니셔티브, 텍사스대학교 제공

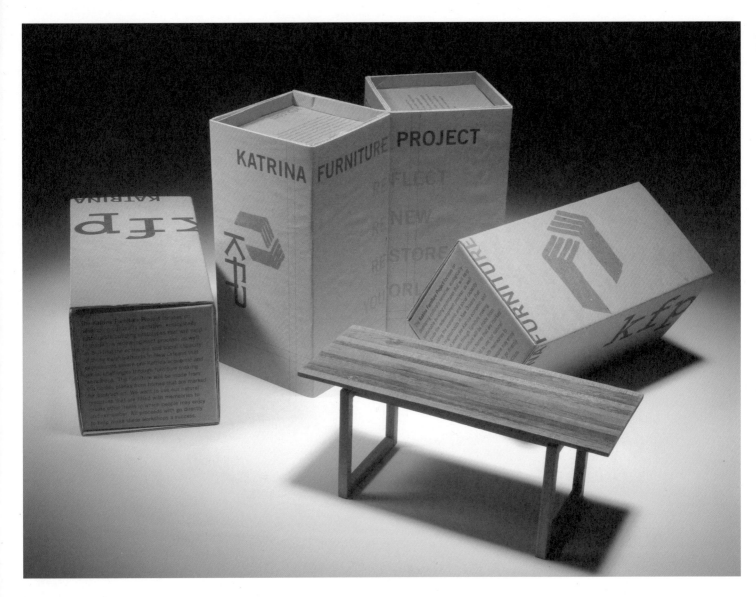

유올리언스
(YouOrleans)

디자이너 : 아트센터 디자인 대학의 그래픽
디자인 학과; 재 채(Jae Chae), 아유미
이토(Ayumi Ito), 애틀리 캐스키(Atley
Kasky) (졸업생); 존 엠스윌러(John
Emshwiller), 자넷 페레로(Janet
Ferrero), 매튜 포터(Matthew Potter)
(학생); 닉 하퍼마스(Nik Hafermaas)
(프로젝트 감독 및 학과장); 폴 하우게
(Paul Hauge)(대표강사); 디자인매터스
이니셔티브(Designmatters Initiative)
와 협력(미국, 2006~07년)

사용재료 : 재활용된 사이프러스 나무, 재활용
e-flute, 재활용 폐지

사용국가 : 미국

- 아트센터디자인 대학 제공

허리케인 카트리나의 피해복구를 위해 시작된
카트리나 가구 프로젝트는 피해지역에 남은
잔재들을 활용하여 가구를 만드는 워크숍
시설을 만들고, 뉴올리언스 지역의 주민들,
특히 카트리나 이전에도 경제적·사회적으로
어려움을 겪었던 주민들의 능력을 배양하는
일을 돕는다. 이 워크숍은 주민들에게 가구
만드는 법과 사업의 기초 등에 대한 훈련을
실시하고, 주민들이 집을 재건축 하는 동안 그
지역공동체의 일터와 자원 센터의 기능을 한다.
워크숍은 폭풍으로 90개 이상의 교회들이
폐허가 된 것을 다시 되돌리기 위한 교회의
예배의자, 식탁 및 의자를 재활용 목재를
사용해서 만들고 판매할 것이다.

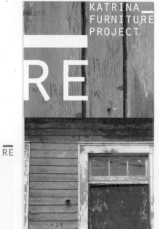

유올리언스는 카트리나 가구 프로젝트의
브랜드화를 위해서 아트센터 디자인 대학
학생팀과 졸업생, 교사들이 개발한 증명
시스템이다. 여기에는 쾌활하고 항상
긍정적인 뉴올리언스 시민들과 그들의
삶을 회복하고 되찾기 위해 자신들의
재능과 결단을 사용하고 있는 카트리나
가구 프로젝트의 장인들의 성격이 여실히
들어난다. 이 프로젝트는 사회참여와 관련된
실습으로 유명한 교육연구소이자 유엔의
협의지위를 획득한 비정부기구인 아트센터의
디자인매터스 이니셔티브(Designmatters
Initiative)와 협력하고 있다. 여기에서
생산되는 제품에는 유올리언스의 디자인
철학을 나타내는 'Re'(여기서 'Re'는
Recovery(복구), Revitalization(재활성화),

Reformation(개선), Reuse(재사용),
Redevelop(재개발), Redeem(회복)을
나타냄) 등이 표시된다.

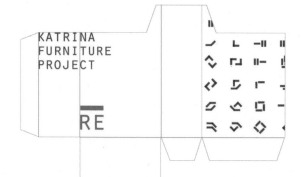

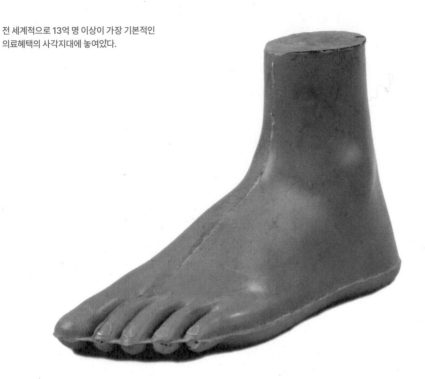

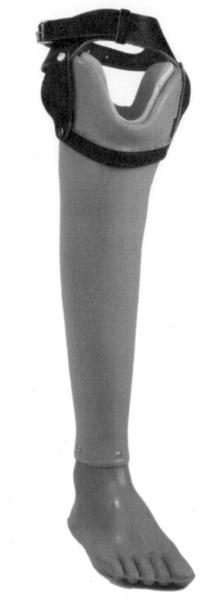

자이푸르 다리와 무릎 아래 의족
(Jaipur Foot and Below-Knee Prosthesis)
디자이너 : 램 찬드라 셀마(Ram Chandra
　　Sharma), P.K. 세시(P.K.Sethi)
생산자 : BMVSS(Bhagwan Mahavir
　　Viklang Sahayata Samiti), 자이푸르
　　(인도, 1968)
사용재료 : 극세 고무, 코스메틱 고무 합성물,
　　나일론 코드 고무, 고무 합성물, 쿠션 고무
　　합성물, 접촉 볼트와 나무 용골 (다리);
　　고밀도 폴리에틸렌 파이프와 시트,
　　자이푸르 다리, 페이드라인 시트, 가죽 끈
　　(무릎 아래)
규격 : 24.1cm(다리), 22.9cm(발등),
　　22.9cm(복숭아뼈 둘레), 53.3cm(무릎
　　아래), 49.5cm(최대 지름)
사용지역 : 아프가니스탄, 방글라데시,
　　도미니크 공화국, 온두라스, 인도네시아,
　　말라위, 나이지리아, 네팔, 나이로비,
　　파나마, 필리핀, 파푸아뉴기니, 르완다,
　　소말리다, 수단, 트리니다드토바고,
　　베트남, 짐바브웨
- BMVSS 제공

자이푸르 의족은 저가이며 내구성 있고
방수가 되며 신발과 같이 또는 단독으로
사용할 수 있다. 공예가인 램 찬드라 셀마와
정형외과 의사인 P.K. 세시 박사가 종전의
의족을 개선하여 디자인하였다. 자이푸르
의족의 이름은 그것이 고안된 지역의 이름을
따서 지어졌으며 발의 자연스러운 움직임이
가능하도록 다양한 중심축으로 움직일 수
있다. 자이푸르 의족의 기술은 소규모의 지역
생산 방식을 이용한 전통적 공예를 기본으로
하였으며 개발도상국과 지뢰로 인해 영향을
받은 국가들에서 다리가 절단된 9십만 명
이상을 위해 사용되었다.

케냐 세라믹 지코
(Kenya Ceramic Jiko)

디자이너 : 국제원조기관, 정부 기관, 지역
　　　　여성기관, 수공업자

생산자 : 루럴 테크놀로지 엔터프라이즈
　　　　(Rural Technology Enterprises)
　　　　(케냐, 1982~83년)

사용재료 : 세라믹 내층, 금속 고리

규격 : 높이 15.2cm × 지름 24.1cm (소형)
　　　　높이 17.8cm × 지름 27.9cm (표준형)
　　　　높이 22.9cm × 지름 30.5cm (중형)
　　　　높이 27.9cm × 지름 38.1cm (대형)
　　　　높이 35.6cm × 지름 43.2cm (특대형)

사용지역 : 브룬디, 콩고 민주공화국,
　　　　에티오피아, 케냐, 말라위, 니제르, 르완다,
　　　　세네갈, 수단, 탄자니아, 우간다

- 킥스타트 인터내셔널 제공

케냐 세라믹 지코는 휴대가 가능한 숯 화덕으로 숯을 적당히 사용하고 유지시킴으로써 연료 사용을 30~50% 줄일 수 있다. 이 화덕은 소비자가 돈을 절약할 수 있게 하고, 유독가스와 분진 문제를 줄이고, 사용자의 전반적인 건강에 도움을 준다. 이 화덕은 케냐의 도시지역 가정의 50% 이상과 지방 가정의 16% 정도에서 사용되며 주변 아프리카 국가로 전파되고 있다.

킨카주 마이크로필름 프로젝터 +
휴대용 도서관
(Kinkajou Microfilm Projector + Potable
Library)

디자이너 : 디자인 댓 매터스(DESIGN THAT
　　　　MATTERS, INC.)와 학생 및 교수들의
　　　　공동 작업
생산자 : 뉴잉글랜드지역의 다양한 계약
　　　생산업체(미국, 2004)
사용재료 : 6061-T6, 6063 알루미늄,
　　　　ABS 플라스틱, 폴리카보네이트 또는
　　　　PMMA 렌즈, 아세틸 플라스틱 렌즈 통,
　　　　스테인레스 스틸 나사, 유리/에폭시 수지
　　　　복합 소재로 된 전기 회로판
규격 : 높이 27.9cm × 너비 17.8cm ×
　　　길이 7.6cm(프로젝터)

높이 49.5cm × 너비 38.1cm ×
길이 2.5cm(태양전지판)
높이 25.4cm × 너비 21.6cm ×
길이 8.9cm(배터리 팩)
사용지역 : 말리, 방글라데시, 베냉, 인도
- 디자인 댓 매터스 제공

킨카주 프로젝터는 전기가 들어오지 않는 시골 지역의 밤을 공부할 수 있는 환경으로 변화시켜서 교육 기회를 개선하고 확장하기 위해 디자인된 저렴한 교육 도구이다. 프로젝터의 목표는 성인의 75% 이상이 문맹인 서아프리카 시골 지역의 성인 문맹률을 낮추는 것이다. 어두워지면 기름 램프를 켜고 수업을 들어야 하는 지역에서 책은 비싸고 나눠주기도 어려운 물품인데, 킨카주 프로젝터는 책 대신 활용하기 좋다. 킨카주 프로젝터는 오래 쓸 수 있고 효율적인 LED와 마이크로필름의 저장 능력을 결합했다. 사용법이 간단하고, 별도의 전원공급이 없어도 작동하도록 태양전지판이 포함되어 있다. 킨카주 프로젝터의 가장 큰 수혜자는 사회적으로 가장 혜택 받지 못하거나 혜택에 접근하기 어려운 가난한 시골 여성들이다.

문맹률을 낮춤으로써 건강과 아동의 영양을 개선하는 것을 통해 공동체의 삶의 질을 높인다. 킨카주 프로젝터는 말리의 45개 시골 지방에 사는 3,000명 이상의 어른들이 읽을 수 있게 해주었다.

수인성 질병은 전 세계적으로 매년 2백만 명 이상의 사망자를 유발하는 것으로 알려졌다.

라이프스트로
(LifeStraw)
디자이너 : 토벤 베스터가드 프랑센(Torben Vestergaard Frandsen)
생산자 : 베스터가드 프랑센(Vestergaard Frandsen)(중국과 스위스, 2005)
사용재료 : 내충격성 폴리스틸렌(High impact polystyrene)(본체), 할로겐계(halogen-based) 수지, 음이온 교환 수지, 활성탄(내부)
규격 : 높이 25.4cm × 지름 2.5cm
사용지역 : 가나, 나이지리아, 파키스탄, 우간다
- 디자인 댓 매터스 제공

전 세계적으로 빈곤층의 절반 정도가 수인성 질병으로 고통을 받고 있으며 깨끗하지 않은 물을 마심으로써 매일 6,000명 이상의 사람들이(주로 어린이들) 죽어가고 있다. 라이프스트로는 휴대가 가능한 개인용 정수기이며 지표수를 마실 수 있도록 만들어주는 도구이다. 이 도구는 장티푸스, 콜레라, 이질, 설사와 같은 수인성 질병을 예방하는 것으로 밝혀졌으며 15마이크론 이상의 입자를 효과적으로 제거해준다.

미국에서만 매해 약 3백5십만 명의 홈리스가 있다.

매드하우저의 오두막
(Mad Housers Hut)

디자이너/생산자 : 매드하우저 자원봉사자들
(미국, 1987)

사용재료 : 고무(1×6 and 2×4),
베니어판(3/8, 5/8), 못(16페니,
8페니, 지붕마감용), 롤지붕재, 창문 용
플라스틱과 칸막이, 단열재, 페인트,
밀봉기, 메탈 플래싱(비흘림), 스토브
파이프, 실린더블록, 스토브, 55갤런
드럼통

규격 : 높이 25.4cm × 너비 15.2cm ×
길이 20.3cm

사용지역 : 미국, 캐나다

- 매드하우저 제공

매드하우저는 1987년에 조지아의
건축기술연구 학생들이 애틀란타의
노숙자들에게 숙소를 제공한다는 목표 아래
시작한 작은 단체이다. 각각의 오두막은 보안을
위하여 잠금장치가 있고, 짐을 넣고 잘 수 있는
공간이 있으며, 요리나 난방에 쓰이는 나무
화덕을 갖추고 있다. 미리 만들어진 이 집들은
세우는 데 반나절도 채 걸리지 않는다. 이
오두막들은 사용자가 한동안 머무를 지역에서
안정된 장소를 찾아 설치하면 되지만 장소에
따라서는 땅주인의 허가가 있어야 한다.
이는 영구적으로 거주할 집으로서 디자인된
것이라기보다는 임시 거처를 제공하기
위함이다. 안전하고 안정된 숙소를 확보하고
있는 사람들이 직업을 구하는 등 다른 일에도
더 적극적으로 임한다는 연구결과에서 시작된
프로젝트다.

머니메이커 블록 프레스
(Money Maker Block Press)

디자이너 : 마틴 피셔(Mrtin Fisher)
생산자 : 킥 스타트 인터내셔널(Kick Start
    International)(케냐, 1986)
사용재료 : 100% 연강
규격 : 높이 200.6cm × 너비 50.8cm ×
    길이 50.8cm (기본유닛),
    높이 200.7cm × 너비 40.6cm ×
    길이 20.3cm (손잡이)
사용지역 : 콩고, 케냐, 말라위, 르완다,
    소말리아, 수단, 탄자니아, 우간다, 잠비아
- 킥 스타트 인터내셔널 제공

킥스타트의 머니메이커 블록 프레스는
동아프리카의 블록제작사 및 건축회사들에게
2,200개 이상 팔렸다. 이는 아주 효율적으로
집, 학교, 기타 빌딩들을 짓게 해준다. 이 기구는
흙을 소량의 시멘트와 함께 섞어서 고압으로
압축하고 10일 이상 건조하여 강하고 오래가는
건축 블록을 만들어준다. 크기와 강도를 조절할
수 있어 고밀도의 블록도 만들 수 있다. 특히
혼합할 재료를 넣는 공간이 각각 존재하여,
제작되는 블록의 밀도와 크기를 항상 일정하게
유지할 수 있다. 5~8명의 노동자가 있으면
하루에 400~800개 정도의 블록을 만들 수
있다.

머니메이커 힙 펌프

(Moneymaker Hip Pump)

디자이너 : 마틴 피셔(Martin Fisher), 알란
스파이베이(Alan Spybey), 모하메드
스왈레(Mohamed Swaleh), 프레드릭
오버도(Fredrick Obudho)

생산자 : 킥 스타트 인터내셔널(Kick Start
International)(케냐·중국, 2005)

사용재료 : 연강, PVC, HDPE

규격 : 높이 81.3cm × 너비 35.6cm ×
길이 68.6cm

사용지역 : 케냐, 말리 탄자니아

- 킥 스타트 인터내셔널 제공

머니메이커 힙 펌프는 2006년에 출시된
가벼우면서 사용하기 쉬운 펌프이다. 이
펌프는 지하 6미터 아래에서 물을 끌어올려
수원보다 13미터나 높게 보낼 수 있으며, 8시간
동안 약 3/4에이커의 밭에 물을 댈 수 있다.
출시 후 처음 10개월 동안 1,400개 이상의
제품이 새롭게 시작하는 소형 농장에 팔렸다.
평균적으로 이 펌프를 사용한 농가는 순수익이
125달러 이상 증가했고 3~4개월 이내에
시설을 3배로 확장했다.

어린이 한 명당 노트북 한 대씩
(One Laptop Per Child, OLPC)

창안자 : 니콜라스 네그로폰테(Nicholas
 Negroponte)

디자이너 : 이브 베하르(Yves Behar),
 퓨즈 프로젝트(fuse project,
 마틴 슈니처(Martin Schnitzer)와
 브렛 리코르(Bret Recor) 협력),
 연속체(Continuum)(시제품),
 휴먼 파워: 스퀴드 랩스(Human power:
 Squid labs)(엔지니어링)

소프트웨어 : 레드 햇(Red Hat)

가공업자 : 어드밴스드 마이크로 디바이스
 (Advanced Micro Devices)

생산자 : 퀀타컴퓨터(Quanta Computer,
 Inc.) OLPC(중국, 2007)

규격 : 높이 3.8cm × 너비 22.9cm ×
 길이 24.1cm

사용 예정 국가 : 아르헨티나, 브라질, 리비아,
 나이지리아, 태국, 우루과이, 앙골라,
 벨리즈, 코스타리카, 콩고민주공화국,
 엘살바도르, 에티오피아, 과테말라,
 온두라스, 인도네시아, 니카라과,
 파키스탄, 파나마, 필리핀, 베트남
 - 이브 베하르, 퓨즈 프로젝트 제공

OLPC 혹은 100달러 노트북 컴퓨터는
개발도상국의 어린이들에게 배움, 정보,
커뮤니케이션을 가르치기 위한 교육적 도구로
고안된 휴대용 컴퓨터이다. 비영리단체가
최첨단 기술을 활용한 제품을 대규모로
보급한다는 점에서 OLPC는 사회적 책임을
지니는 디자인에 대한 새로운 실험이다. 정부는
노트북 컴퓨터를 직접 구매해서 국내의 학교에
보급한다.

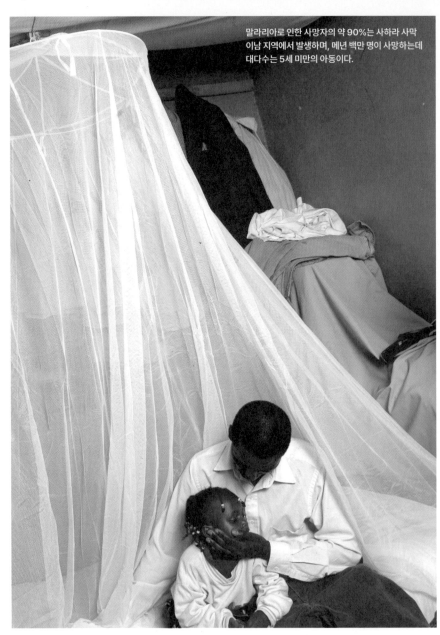

말라리아로 인한 사망자의 약 90%는 사하라 사막 이남 지역에서 발생하며, 매년 백만 명이 사망하는데 대다수는 5세 미만의 아동이다.

퍼머넷
(Perma Net)

디자이너 : 베스터가드 프랑센(Vestergaard Frandsen)

생산자 : 베스터가드 프랑센 S.A. (Vestergaard Frandsen S.A.) (스위스, 베트남, 2000)

사용재료 : 델타메트린(Deltamethrin) (살충제)를 함유한 폴리에스터

규격 : 높이 160.0cm × 너비 180.3cm × 길이 149.9cm

사용지역 : 앙골라, 방글라데시, 부르키나파소, 부룬디, 볼리비아, 보츠와나, 캄보디아, 카메룬, 중앙 아프리카 공화국, 차드, 중국, 코트디부아르, 콩고민주공화국, 지부티, 에티오피아, 프렌치 가이아나, 가봉, 감비아, 가나, 과테말라, 기니, 기니-비사우, 아이티, 인도, 인도네시아, 케냐, 라오스, 레소토, 리이베리아, 말라위, 말레이시아, 말리, 모리타니, 모잠비크, 미얀마, 나미비아, 네팔, 니카라과, 니제르, 나이지리아, 북한, 파푸아뉴기니, 필리핀, 콩고공화국, 르완다, 세네갈, 시에라리온, 소말리아, 남아프리카, 스리랑카, 스와질란드, 수단, 수리남, 탄자니아, 토고, 태국, 우간다, 베네수엘라, 베트남, 웨스트퍼시픽, 잠비아, 짐바브웨

- 베스터가드 프랑센 S.A. 제공

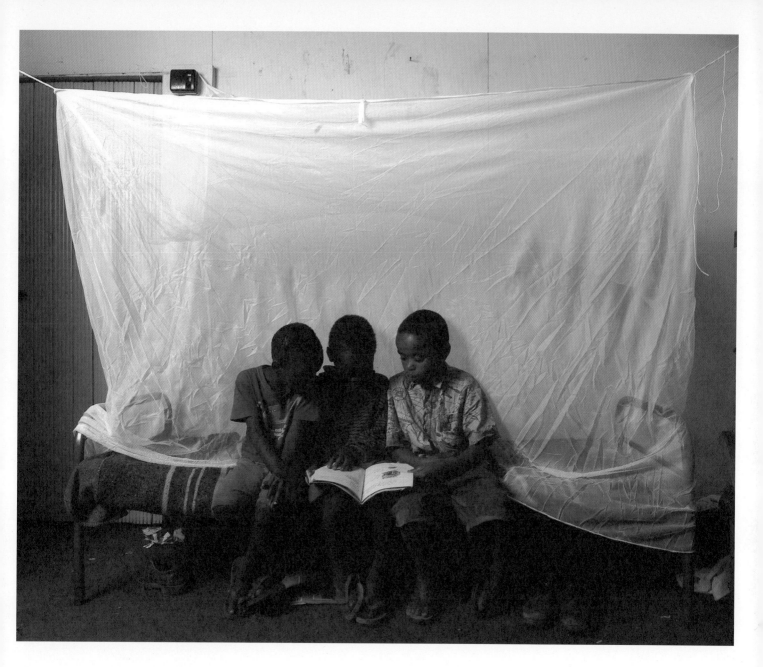

퍼머넷은 말라리아 모기와 함께 사는 아프리카
사람들이 주로 사용하는 것으로 오래 사용할 수
있으며, 살충 처리된 모기장이다. 이 모기장은
20번을 세탁한 후에도, 일반적인 모기장에
비해 5배나 더 오래 사용할 수 있어 4년
정도까지 모기들을 죽이거나 퇴치할 수 있다.
아프리카의 어떤 질병보다도 더 많은 아이들을
죽게 하는 전염병인 말라리아 대응에 있어 가장
큰 도전은 낮은 재치료비율이다. 말라리아로
매년 백만 명 이상이 죽는데, 말라리아가 심한
나라는 말라리아가 없는 나라보다 역사적으로
경제성장이 낮은 경향을 보였다.

항아리 속 항아리 저장고
(Pot in Pot Cooler)

디자이너 : 모하메드 바 아바(Mohammed
　　　　　Bah Abba)

생산자 : 지역 도공들(나이지리아, 1995)

사용재료 : 도기, 흙, 물

규격 : 지름 40.6~55.9cm

사용지역 : 부르키나 파소, 카메룬, 차드,
　　　　 에리트리아, 에티오피아, 니제르

- 모하메드 바 아바 제공

'항아리 속 항아리' 시스템은 두 항아리 중 한 항아리 안에 안락하게 자리 잡은 더 작은 도기항아리와, 두 항아리의 사이의 공간에 채워진 모래와 물로 이루어져 있다. 항아리 사이의 물이 증발할 때, 야채와 과일들을 저장할 수 있는 더 작은 항아리의 내부의 열을 빼앗는다. 나이지리아의 시골에서 많은 농부들은 교통시설과 물, 그리고 전기가 부족하다. 그러나 그들의 가장 큰 문제점들 중 하나는 그들의 농작물을 저장할 방법이 없다는 것이다. '항아리 속 항아리'가 있으면, 2일에서 3일간 보존할 수 있었던 토마토를 21일간 보존할 수 있다. 농부들에게 더 많은 수익을 창출할 수 있게 하는 것과 동시에 더 신선한 제품으로 팔리게 돕는다.

큐 드럼
(Q Drum)

디자이너 : P. J. 헨드릭스(P. J. Hendrikse),
P. S. 헨드릭스(P. S. Hendrikse)

생산자 : 케이맥 로토몰더스(Kaymac Rotomoulders), 파이오니어 플라스틱스(Pioneer Plastics) (남아프리카공화국, 1993년)

사용재료 : 선형 저밀도 폴리에틸렌(LLDPE)

규격 : 높이 35.6cm × 지름 49.5cm

사용지역 : 앙골라, 코트디부아르, 에티오피아, 가나, 케냐, 나미비아, 나이지리아, 르완다, 남아프리카공화국, 탄자니아

- P. J. 헨드릭스 제공

콜레라와 이질 같은 수인성 질병들에 취약한 전 세계 수백만의 시골 지역 사람들은 믿을 수 있는 깨끗한 상수원으로부터 수 킬로미터 떨어진 곳에서 살아간다. 충분한 양의 물을 옮기기에는 너무 무겁다. 큐 드럼은 깨끗한 75리터의 물을 넣고 보다 쉽게 굴릴 수 있는 내구성이 있는 용기로 고안되었다. 손에 들거나 머리에 이고 나르는 대신 물을 원형 용기에서 넣어서 굴리면 물을 필요한 곳으로 보다 쉽게 운반할 수 있다.

7구역(Seventh Ward) 그늘 정자
(Seventh Ward Shade Pavilion)

의뢰인 : 포치 커뮤니티 센터(The Porch
 Community Center)

디자인/생산팀 : 캔자스 대학
 건축도시디자인학부(미국, 2006년)

사용재료 : CNC 라우터로 자른 3/4 합판,
 장붓구멍과 장부 조인트, 주문제작한
 철재, 기초판

규격 : 높이 30.50cm × 너비 30.5cm ×
 길이 40.6cm(모듈)

사용지역 : 미국

- 캔자스 대학교 건축 및 도시 디자인 학부, 롭 코서, AIA 제공

7구역 그늘 정자는 뉴올리언스에 있는 다양한 문화들을 유지하기 위해 헌신하는 단체인 포치 커뮤니티 센터를 위한 것으로, 영구적으로 사용가능한 건물이 지어지는 동안 임시적인 모임과 사회생활 장소를 제공한다. 비록 마당에 위치하고 있지만 원래 계획되었던 기능처럼 자원 센터는 장비와 정보, 건물 수리에 대한 접근을 통해 재건축에 도움을 주고 있다. 이 임시건물은 원예 강의를 진행하거나 모든 종류의 마을회의를 진행하기에 적절한 장소를 제공한다. 지능적인 건축 시스템은 캔자스에서 사전 제작하여서 뉴올리언스에 설치되었으며 다른 지역으로도 확장 가능하다.

그늘 정자

구조 프레임
설치하기

지붕덮개
장착하기

일으켜 세우기

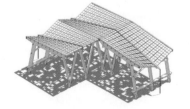

확장과 변형 가능

시에라 이동전등
(Sierra Portable Light Protypes)

휴대용 조명 매트와 워크숍 렌턴
개념정립, 직물 디자인, 기술 개발 : KVA,
파트리샤 그루이츠(Patricia Gruits),
시엘라 케네디(Sheila Kennedy), 솔란
쿨퍼(Solan Kulper), 제이슨 오마라
(Jason O'Mara), 캐쉬 스미스(Cashy
Smith), 헤더 미카-스미스(Heather
Micka-Smith), 휴대용 조명 설계팀;
스테이시 셰퍼(Stacy Schaefer),
치코(Chico)의 캘리포니아 주립대학
(미국 2006)
사용재료 : 뜨개질된 알루미늄 직물, 재활용
가능한 페트, 유연한 광전지, 반도체,
유연한 전선관
규격 : 높이 71.1cm × 너비 35.6cm ×
길이 2.5cm(펼쳤을 때),
높이 30.5cm × 너비 35.6cm ×
길이 2.5cm(접었을 때)

전통이 혼합된 이동전등
(Traditional Integrated Portable Light Textiles)

조명 주머니 창안과 기술 : KVA;
후이촐(Huichol) 가방과 뜨개질된
휴대용 조명 주머니: 에스텔라
에르난데스(Estella Hernandez)가족
(미국과 멕시코, 2006년)
사용재료 : 아크릴 털실 또는 천연 털실, 유연한
반도체 기술
규격 : 높이 20.3cm × 너비 15.2cm ×
길이 1.3cm
사용지역 : 호주, 멕시코(실험단계)
- 케네디 & 볼리치 건축사 사무소 제공

이동전등은 멕시코 시에라 마드레나 지역의 산
안드레아에 사는 여성 직공에 의해 만들어졌다.
이들은 전통적인 백스트랩 직조기나 바느질
기술을 사용하여 이동전등 기술을 천으로
짜서 만들었다. 이동전등은 보행자 신호등의
밝게 빛나는 LED, 식기세척기의 방수 스위치,
가전제품에서 사용되는 재료와 표준 기술을
결합한 것이다. 이 개인용 이동전등은 조명과
전력을 필요한 곳에 제공해줄 수 있다.
후이촐족은 주요 가내공업인 토르티야 가게,
샌들 제조, 수선 작업, 직물 및 구슬 세공
등 그들의 특정한 필요에 맞게 천의 표면을
조절함으로써 직접적으로, 반사적으로 또는
희미하게 빛을 활용할 수 있다.

태양열 접시 식당
(Solar Dish Kitchen)

디자이너/생산자 : 텍사스 대학과 워싱턴
대학의 베이식 이니셔티브 멕시코
프로그램(멕시코, 2004년)

사용재료 : 알루미늄, 강철

규격 : 반지름 12.7cm(연습용), 반지름
38.1cm(표준형)

사용지역 : 인도, 멕시코

- 세르지오 팔레로니, 베이식 이니셔티브, 텍사스 대학교 제공

태양열 접시 식당은 멕시코시에 있는 불법
거주지역 두 곳의 주민들을 위해 만들어졌다.
아이들을 위해 어머니들이 음식을 직접
요리하는 것은 아이들의 영양 보충과
비용절감을 위한 방법 중 하나다. 학교에
새롭게 추가된 이 시설은 태양열 조리, 태양열
온수난방, 설거지한 물을 필터로 정수하기,
자연광 채광, 식수용으로 빗물 모으기,
전원으로 태양전지 사용 등이 가능하다. 태양열
접시는 자전거 부품을 사용해서 만들어졌으며
조그마한 거울을 구면체에 많이 붙여서
태양열을 식당의 한 곳에 모은다. 주민 자치
조직과 지역정부는 이 모형을 토대로 더 많은
식당을 계획 중이다.

전 세계 인구의 3분의 1인 20억 명 이상은 전력 배전망으로부터 소외되어 있다.

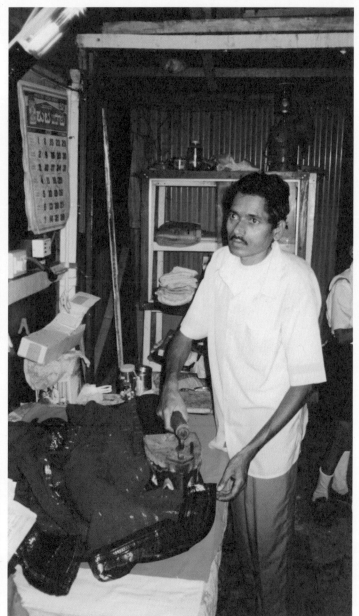

가정용 태양광 전등시스템

(Solar Home Lighting System)

디자이너/생산자 : SELCO 인도(인도, 1994)

사용재료 : 태양전지판, 전등, 조절기

규격 : 높이 3.8cm × 너비 53.3cm ×
길이 66.0cm(태양전지판)
높이 5.1cm × 너비 15.2cm ×
길이 15.2cm(콘트롤러)
높이 35.6cm × 너비 10.2cm ×
길이 35.6cm(전등)

사용지역 : 부탄, 인도, 스리랑카, 베트남

- SELCO 인도 제공

세계에서 제한된 인구만이 전기를 이용한다.
세계 인구 중 **16억 명** 이상이 전기가 공급되는
배전망에서 소외되어 있다. 현지인들은 불을
밝히기 위해 양초와 등유, 기름램프 등을
가장 많이 활용하며, 라디오, 텔레비전, 작은
가전제품을 사용하기 위해서는 건전지나
축전지를 활용한다. 이러한 자원들은 품질이
떨어지고, 무거우며, 값이 비싸고 종종
위험하기까지 하다. 하지만 일부 지역의 가정과
작은 농장, 기업, 기관에서는 이러한 수단만이
이용 가능하다. 전기선이 필요 없는
태양광발전을 이용한 가정용 태양광 시스템은
본래 인도의 지역 주민과 도시 근교의
사람들을 위해 설계되었는데, 아이들이 밤에 더
밝은 빛 아래에서 공부를 하는 동안 어른들은
생계를 유지하는 활동을 가능하게 함으로써
가정의 생산성을 높일 수 있게 한다.

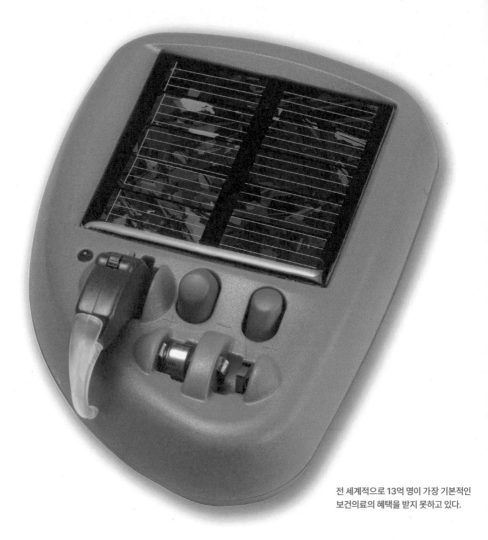

전 세계적으로 13억 명이 가장 기본적인
보건의료의 혜택을 받지 못하고 있다.

솔라 에이드
(Solar Aid)

디자이너/생산자 : 고디사 테크놀로지(Godisa
Technologies)(보츠와나, 2003)

사용재료 : 자외선저항성 ABS 플라스틱 소재,
680-ohm 전기저항기, 10-kilo-ohm
전기저항기, 100-ohm 전기저항기,
트랜지스터, 다이오드, LED, 배터리,
태양 전지판, 고무, 나사

규격 : 높이 11.4cm × 너비 2.5cm ×
길이 7.6cm(충전기)

사용지역 : 앙골라, 볼리비아, 보츠와나,
브라질, 캄보디아, 카메룬, 캐나다,
콜롬비아, 코스타리카, 콩고민주공화국,
도미니카공화국, 에티오피아, 프랑스,
독일, 과테말라, 아이티, 인도, 이스라엘,
케냐, 마다가스카르, 말라위, 멕시코,
팔레스타인, 파라과이, 필리핀,
남아프리카, 스와질란드, 탄자니아,
트리니다드토바고, 영국, 미국, 베트남,
예멘, 잠비아, 짐바브웨

- 고디사 테크놀로지 제공

전 세계 인구의 약 10%가 청각장애가
있고, 이들 중 80%는 개발도상국에
거주한다. 보청기에서 가장 비싼 부분이
배터리이며, 배터리는 계속 교체해주어야
한다. 보츠와나에서 개발된 태양열 보청기
배터리 충전기는 청각장애가 있는 사람들이
저렴한 비용으로 사용할 수 있어 학교를
다니고 경제활동에 참여할 수 있도록 도움을
준다. 7,000개 이상의 제품이 남아메리카,
중앙아메리카, 아프리카와 아시아에서
사용되고 있다. 일반적으로 어디서든
배터리의 가격이 비싸기 때문에, 고디사
테크놀로지(Godisa Technologies)는 이
기술을 개발도상국뿐만 아니라 미국이나
유럽에도 보급하고자 한다.

스타사이트
(Star Sight)

디자이너 : 코람 파트너십 유한회사(Kolam Partnership Ltd.)

생산자 : nex-g 싱가포르 (말레이시아, 인도네시아, 2007년)

사용재료 : 전등, 배터리, nex-g WiFi 수신기, 태양전지판

크기 : 지역에 따라 다양; 높이 41.9cm (미국 주거지역), 최소 높이 50.0cm (베트남)

사용지역 : 카메룬, 코트디부아르, 콩고공화국

- 코트디부아르 대통령 로랑 그바그보 제공

스타사이트 시스템은 전통적인 전력망 및 전화망을 사용하지 않고 태양광 가로등과 무선 인터넷 사용 환경을 결합한 것이다. 스타사이트는 보다 안전한 환경을 제공하고, 경제 성장을 도우며, 재난지역에서 긴급 통신과 전기사용을 가능하게 한다.

나무를 땔감으로 사용하는 전통은 아이티, 안데스 고원, 수단, 세네갈, 온두라스 등 전 세계의 많은 지역에 심각한 사막화현상과 연료부족을 야기시킨다.

사탕수수 숯
(Sugarcane Charcoal)

디자이너/생산자 : MIT D-랩
　　　(아이티, 2004~05년)

사용재료 : 바가스(Bagasse, 사탕수수의
　　　당분을 짜고 남은 찌꺼기), 카사바 나무
　　　뿌리, 55-갤런 크기의 오일 드럼통 가마,
　　　D-Lab 프레스

규격 : 높이 7.6cm × 지름 5.1cm
　　　(55-갤런 오일 드럼통),
　　　높이 5.1cm × 너비 2.5cm ×
　　　길이 20.3cm(조개탄 프레스),
　　　높이 5.1cm × 지름 45.7cm
　　　(전통방식 화덕)

사용지역 : 아이티, 가나, 브라질, 인도(현지
　　　실험)

- 에이미 스미스, MIT D-랩 제공

아이티에서는 음식조리용 주 연료인 나무숯을 만드는 과정에서 산림이 심하게 황폐화되고 환경적인 피해가 발생한다. 현재 아이티 산림의 90% 이상이 황폐화된 상태이다. 많은 어린이들이 실내에서 조리 시 발생하는 연기로 인한 호흡기 질환으로 목숨을 잃는다. 사탕수수 숯은 나무숯의 대안으로 개발되었다. 사탕수수의 당분을 짜고 남은 찌꺼기인 바가스(bagasse)를 건조시킨 후, 가마에서 연소시켜 탄화되면 이를 카사바 나무뿌리와 섞는다. 이것을 프레스를 이용해서 압축하면 나무숯 만큼 잘 타는 사탕수수 숯 조개탄이 만들어진다. 옥수수속대 같은 다른 농업 폐기물도 음식조리용 대안연료로 개발되고 있다. 옥수수속대는 연소과정 후에 다른 제조공정이 필요하지 않아, 카사바 나무뿌리를 섞을 필요도 없고, 조개탄으로 만드는 기구도 필요 없어 제작비용을 크게 줄일 수 있다.

슈퍼 머니메이커 펌프
(Super Money Maker Pump)

디자이너 : 로버트 하이드(Robert Hyde),
마틴 피셔(Martin Fisher), 마크
버처(Mark Butcher), 아브디카디르
무사(Abdikadir Musa)

생산자 : 킥스타트 인터내셔널(케냐, 중국,
탄자니아, 1998)

사용재료 : 연강, PVC, 고무

규격 : 높이 121.9cm × 너비 35.6cm ×
길이 81.3cm

사용지역 : 앙골라, 부르키나파소, 부룬디,
콩고민주공화국, 에티오피아, 감비아,
가나, 아이티, 케냐, 마다가스카르,
말라위, 말리, 모잠비크, 나이지리아,
필리핀, 르완다, 시에라리온, 소말리아,
남아프리카, 수단, 탄자니아, 우간다,
잠비아, 예멘, 짐바브웨

- 킥스타트 인터내셔널 제공

슈퍼 머니메이커 펌프는 발판을 밟아 작동시키는 수동식 펌프로, 7미터 아래에 있는 물을 수원에서 위로 최대 14미터까지 끌어올릴 수 있다. 펌프를 작동시키는 데는 어떤 연료나 전기도 필요하지 않다. 이 펌프는 8시간 동안 2에이커의 넓이에 물을 공급할 수 있다. 전 세계적으로 5만 개 이상의 슈퍼 머니메이커 펌프가 팔려나갔고, 킥스타트의 모니터링 결과에 의하면 약 3만 5천 가구가 건기에도 이 펌프를 이용해서 과일·채소와 같은 농작물을 재배할 수 있게 되어 소규모 농장 사업을 시작한 것으로 추정된다. 수확량 증가, 고부가가치 작물 재배, 연중 작물 재배를 통해서, 이들 가구의 연간 순익이 110달러에서 1,100달러로 증가하였다. 그들은 스스로 빈곤에서 벗어나기 시작한 것이다.

물 저장시스템
(Water Storage System)

디자이너 : 국제개발기업(IDE) 인도 지부
생산자 : 지역 공장(인도, 2006년)
사용재료 : 플라스틱
규격 : 높이 5.1cm × 너비 10.2cm × 길이
  20.3cm 또는 500리터 또는 1000리터
사용지역 : 인도

- 폴 폴락, 국제개발기업 제공

저렴한 가격으로 구축할 수 있는 물 저장시스템은 장마 기간 동안 빗물을 저장해 증발하지 않도록 한다. 이로써 인도의 긴 가뭄 기간 동안에도 마을의 일부 구역에 물을 댈 수 있다. 소규모 농사를 짓는 농부들은 우기에는 넘치는 물로, 건기에는 관개에 필요한 물뿐 아니라 긴급 식수 공급이 필요할 정도로 식수가 마르는 등 극심한 물 부족으로 어려움을 겪는다. 수작업으로 팔 수 있는 깊이의 웅덩이에 1만 리터 부피의 플라스틱 저장백을 설치하면 철근으로 보강된 시멘트 탱크를 설치하는 것보다 가격을 1/5로 줄일 수 있게 한다.

개발도상국의 대다수 도로 연결망은 전동차가 아닌,
자전거나 가축을 이용한 운송수단에 적합하다.

월드바이크 시제품
(World Bike Prototype)

디자이너/생산자 : 폴 프리드먼(Paul
Freedman), 네이트 바이어리(Nate
Byerley), 러스 로톤디(Russ Rotondi),
제레미 파루디(Jeremy Faludi), 지안
본지오르노(Gian Bongiorno), 데이브
스트레인(Dave Strain)(시제품 제작
보조)(미국, 대만, 중국, 인도, 2003년)

사용재료 : 철강(Cro-Moly 강 또는 고장력강)

규격 : 높이 101.6cm × 너비 55.6cm ×
길이 198.2cm

사용지역 : 케냐(현지 실험)

- 월드바이크 제공

월드바이크는 세계 자전거의 중심지인 대만,
중국과 인도에서 개발도상국을 위해 자전거를
디자인함으로써 전통적인 자전거 시장에
도전하고 있다. 자전거는 동아프리카에서
판매되는 저렴한 1단 자전거와 무게가
비슷하나 더 편안하고 안전하며, 편리한
디자인과 우수한 운반 기능을 보유하고 있다.

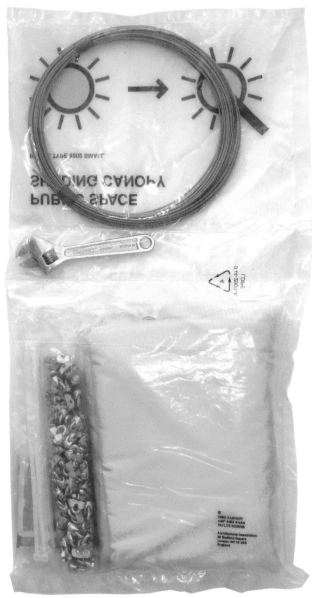

공공장소 그늘막
(Inclusive Edge Canopy)
디자이너/생산자 : 오미드 캄바리(Omid
　　Kamvari), 아시프 아미르 칸
　　(Asif Amir Khan), 파블로스 시데리스
　　(Pavlos Sideris)(디자이너), 마이클
　　헨셀(Michael Hensel), 아힘 멘지스
　　(Achim Menges)(튜터), 건축협회,
　　런던; 안드레 모라에스(Andre Moraes),
　　신디아 페레이라(Cynthia Pereira),
　　아드리아나 로젠도(Adryana Rozendo),
　　레시페 연방 대학(Universidade
　　Federal de Recife)(프로젝트 팀);
　　피라르 슬럼의 주민들(브라질, 2006)
사용재료 : 라이크라/스판덱스, 황동 아일릿,
　　강철 케이블, 케이블 타이, 케이블 그립,
　　스패너

규격 : 위치에 따라 다양
사용지역 : 브라질

- 아시프 칸, 오미드 캄바리, 파울로스 제공

야외의 개방된 공간을 덮을 수 있는 이 간단한
도구는 저렴한 가격에 그늘을 제공함으로
브라질 레시페 필라의 파벨라 지역 사람들에게
공공의 장소를 만들어주었다. 덮개는 도로까지
펼칠 수 있으며 나무, 지붕, 물탱크, 막대기.
그리고 가게 앞에 고정시킬 수 있다. 덮개는
단순히 그늘을 만드는 것에만 그치는 것이
아니라 다양하게 활용할 수 있는 공간을
만들어낸다. 지역주민들은 작열하는
햇볕으로부터 피하기 위해 모이고, 아이들은
떼를 지어 그늘에서 뛰어놀며, 공장에서 일하는
인부들은 점심을 먹고, 이웃들은 담소를 나누기
위해 모인다. 덮개와 그 아래 공간은 사람들로

하여금 공동체 의식을 가지게 한다. 그리고
눈에 띄는 노란색상의 덮개는 해당 지역의
랜드마크 기능도 담당한다.

소외된 90%에 대한

통계

- 전 세계 인구는 65억 명이다. 그 중 90%인 약 58억 명에 가까운 사람들은 가장 기본적인 생필품을 살 수단을 가지고 있지 않다.(미국 통계국, 유엔개발계획, 스트래티지+비즈니스(Strategy+Business))
- 전 세계 인구의 약 절반인 28억 명은 하루 2달러 미만으로 생활한다. 6명 중 한명, 약 11억 명에 해당하는 사람들은 하루 1달러 미만으로 생활한다.(세계은행)
- 극빈자 중 2/3가 아시아에 살고 있다. 사하라 사막 이남지역에서는 그 지역 인구의 절반인 3억 5천 명의 사람들이 하루 1달러 미만으로 생활한다.(유니세프)
- 전 세계적으로 10억 명의 아이들이 빈곤 속에 살며, 그들 대부분은 남아시아, 사하라 사막 이남지역에 산다. (유니세프, 유엔경제사회국)
- 전 세계 빈곤 인구 11억 명 중 70%에 해당하는 수가 여성이다.(유엔인권최고대표사무소, 유엔여성발전기금)
- 전 세계 극빈자 11억 명 중 8억 명이 시골에 살고 있다.(국제농업개발기금)
- 1999년 세계에서 가장 부유한 200명의 재산의 합이 1조 달러를 기록했다. 그에 반해, 43개 저개발국의 5억 8만 2천 명의 재산의 합은 1460억 달러였다.(유엔개발계획)
- 2005년 미국 인구의 12.6%를 차지하는 3천7백만 명의 사람들이 빈곤층으로 분류됐다.(미국 통계국)

주거 (Shelter)
- 전 세계 10억 명 이상의 인구가 부적절한 주거환경에서 생활하고 있으며, 1억 명 이상의 사람들은 노숙으로 분류된 수준의 환경에서 살고 있다.(유엔인권최고대표사무소)
- 개발도상국 6억 4천만 명의 아이들은 적절한 주거 공간 없이 살고 있다.(유니세프)
- 현재 임시주택을 필요로 하는 약 2천백만 명의 강제이주자와 천2백만 명의 난민 및 망명자가 있다.(국경없는의사회)
- 허리케인 카트리나는 걸프만 지역에 약 150만 명의 미국인들을 노숙자로 만들었다.(NLCHP)
- 미국에서 매년 약 350만 명의 사람들이 노숙을 경험한다. (Urban Institute)

물과 위생 (Water and Sanitation)
- 10만 명이 넘는 사람들이 안전한 식수에 접근할 수 없고, 20만 명에 가까운 사람들이 기본 위생시설 없이 살고 있다. (미국 열대의학 및 위생학회지)
- 아이들 다섯 명 중 한 명, 즉 약 4억 명의 어린이가 안전한 식수에 접근할 수 없다.(유니세프)
- 매일 3,900명의 어린이가 안전한 식수와 기본위생의 부재로 죽어간다.(유니세프)
- 수인성 질병으로 인해 매년 2백만 명의 사람들이 목숨을 잃는 것으로 추정된다.(미국 열대의학 및 위생학회지)

식량 (Food)
- 전 세계적으로 8억 4천만 명 이상의 사람들이 영양실조에 걸려있고 그 중 7억 9천만 명이 개발도상국에 살고 있다. (CARE)
- 매년 5살 미만의 어린이 6백만 명이 기아로 사망한다.(CARE)
- 1억 5천만 명의 아이들이 영양실조에 걸려있으며 그 중 50%는 남아시아에 산다.(유니세프)

안드레아 립스
(Andrea Lipps)

- 시골의 영양실조 비율이 도시지역보다 약 150% 높다.
  (유니세프)

에너지 (Energy)
- 개발도상국 인구 중 70%가 집에 전기가 없으며, 의료 기관과 학교 또한 없다.(솔라 일렉트릭 라이트 펀드)
- 30억 명의 사람들이 가정 내에서 주로 소비하는 에너지는 나무, 동물 배설물, 이삭, 석탄 같은 바이오매스 연료이다. (세계보건기구)
- 다른 에너지원에 접근할 수 없는 개발도상국 내의 20억 명의 사람들에게 나무는 가장 중요한 에너지원이다. (유엔식량농업기구)
- 나무에너지 소비는 아이티, 안데스 고지대, 아프리카 사헬지역, 수단의 대도시, 세네갈 그리고 온두라스의 대도시 지역에 심각한 산림황폐화와 에너지 부족을 야기한다. (세계에너지협의회)
- 가스레인지와 비교해서, 나무연료 화덕은 요리할 때 50배 이상의 분진, 일산화탄소, 그리고 탄화수소를 배출한다. (WHO)
- 매년 250만 명의 사람들이 실내에서 바이오매스 연료를 태워 나오는 분진 때문에 사망한다.(세계보건기구)
- 전 세계적으로 20억 명이 넘는 사람들이 전기를 공급받지 못한다.(유엔환경계획)
- 아프리카 사람 10명 중 9명이 전기를 공급받지 못한다. (유엔환경계획)

건강 (Health)
- 최소 13억 명의 사람들이 가장 기본적인 의료 혜택을 받지 못한다.(세계보건기구)
- 아이들 7명 중 1명, 즉, 약 2억 7천만 명의 아이들이 의료 혜택을 받지 못하고 있다.(유니세프)
- 말라리아는 매년 아프리카의 경제 성장률을 1.3% 정도 낮춘다.(세계은행)
- 말라리아로 인한 사망 중 약 90%가 사하라 사막 이남지역에서 발생하며, 이 지역에서는 매년 백만 명의 사람들(그중 대부분은 아이들)이 말라리아로 사망한다. (세계은행)

교육 (Education)
- 전 세계적으로 8억 5천5백만 명의 사람들이 문맹이며, 이중 2/3가 여성이다.(유니세프)
- 전 세계적으로 1억 2천백만 명의 아이들(대부분은 여자 아이들) 초등교육을 받지 못한다.(유니세프)
- 전 세계 인구의 15% 미만이 인터넷에 접속할 수 있다.(인터넷 세계 통계)

교통 (Transport)
- 개발도상국 시골지역에 거주하는 약 9억 명의 사람들이 주요 도로 네트워크에 안정적으로 접근할 수 없고, 3억 명의 사람들은 어떠한 형태의 동력을 이용한 교통편도 사용할 수가 없다.(세계은행)
- 개발도상국의 대부분의 도로는 자전거와 말이 끄는 수레만이 지나갈 수 있으며 다른 동력 교통편은 지나갈 수 없다.(세계은행)
- 아프리카 시골지역에서 여성들은 그들의 건강을 해치면서까지 연료나 물, 생산품을 남자들보다 세 배나 더 많이 머리에 이고 나른다. 사하라 이남지역 아프리카에서 여성들은 매주 15~30시간을 물, 나무 장작, 곡식, 빻은 낟알 등을 나르는 데 쓴다.(세계은행)

더 많은 정보를 얻기 위해서는 각 기구들의 웹사이트를 방문하길 바란다.

더 읽을거리

Architecture for Humanity, ed. *Design Like You Give a Damn: Architectural Responses to Humanitarian Crises*. New York: Metropolis Books, 2006.

Bornstein, David. *How to Change the World: Social Entrepreneurs and the Power of New Ideas*. Oxford: Oxford University Press, 2004.

Easterly, William. *The White Man's Burden: Why the West's Efforts to Aid the Rest Have Done So Much Ill and So Little Good.* New York: Penguin Press, 2006.

Farmer, Paul. *Pathologies of Power.* Berkeley: University of California Press, 2005.

Leonard, David K., and Scott Straus. *Africa's Stalled Development: International Causes and Cures.* Boulder, CO: Lynne Rienner, 2003.

Levine, Ruth, et al. *Millions Saved: Proven Successes in Global Health*. Washington, DC: Center for Global Development, 2004.

Papanek, Victor. *Design for the Real World: Human Ecology and Social Change*. Chicago: Academy Chicago Publishers, 1984.

Prahalad, C. K. *The fortune at the Bottom of the Pyramid: Eradicating Poverty through Profits*. Upper Saddle River, NJ: Wharton School Publishing, 2005.

Sachs, Jeffrey D. *The End of Poverty: Economic Possibilities for Our Time*. New York: Penguin Books, 2005.

Schumacher, E. F. *Small is Beautiful: Economics as if People Mattered*, rev. ed. New York: Harper&Row Publishers, 1989.

Sen, Amartya. *Development as Freedom.* New York: Alfred A. Knopf, 1999.

Steffen, Alex, ed. *Worldchanging: A User's Guide for the 21st Century*. New York: Harry N. Abrams, 2006.

Wint, Guy, ed. *Asia: A Hadbook*. London: Anthony Blond, 1966.

Yunus, Muhammed. *Banker to the Poor: Micro-Lending and the Battle against World Poverty.* New York: PublicAffairs, 1999.

관련 기관

《소외된 90%를 위한 디자인》 및 다른 기관들에 대한 추가 정보는 www.cooperhewitt.org나 아래의 웹사이트에서 참고 가능하다.

Advanced Micro Devices (AMD): 50×15.amd.com

American Assistance for Cambodia:
    www.cambodiaschools.com

Architectural Association, London: www.aaschool.ac.uk

Basic Initiative: www.basicinitiative.org

Bhagwan Mahaveer Viklang Sahayata Samiti, Jaipur:
    www.jaipurfoot.org

CITYbuild Consortium of Schools: www.citybuild.org

Center for Connected Health (Partners Telemedicine):
    www.connected-health.org

Construction Management&Consulting Services (COMAC),
    Ltd.: www.comacltd.com

Continuum: www.dcontinuum.com

Design that Matters: www.designthatmatters.org

First Miles Solutions: www.firstmilesolutions.com

fuseproject: www.fuseproject.com

Global Village Shelters, LLC: www.gvshelters.com

Godisa Technologies: www.godisa.org

Green Project: www.thegreenproject.org

House of Dance&Feathers:
    www.houseofdanceandfeathers.org

International Development Enterprises (IDE): www.ide.org

Kennedy&Volich Archtecture, Ltd.: www.kvarch.net

KickStart Internatiolnal: www.kickstart.org

LifeStraw: www.lifestraw.com

M3 Design: www.m3designinc.com

Mad Housers, Inc.: www.madhousers.org

Meridian Design, Inc.: www.uvaquastar.com

MIT D-Lab: http://web.mit.edu/d-lab/

One Laptop per Child: www.laptop.org

PermaNet: www.permanet.com

Portable Light Project: www.caup.umich.edu/portablelight

Potters for Peace: www.pottersforpeace.org

Project Locus: www.projectlocus.org

Public Architecture: www.publicarchitecture.org

Q Drum (Pty) Ltd.: www.qdrum.co.za

Ratanakiri: www.ratanakiri.com

SELCO-India: www.selco-india.com

Side by Side International: www.side-by-side-intl.org

Squid Labs: www.squid-labs.com

Star Sight: www.starsightproject.com

University of Kansas School of Architecture and Urban
    Planning: www. saud.ku.edu

WorldBike: www.worldbike.org

YouOrleans: www.artcenter.edu/designmatters

정보와 통찰을 제공하며 전시에 도움을 준 기관들에 대한 추가 정보는 아래의 웹사이트에서 참고 가능하다.

AIGA Aspen Design Summit: www.aiga.org

Architecture for Humanity:
    www.architectureforhumanity.org

CARE: www.care.org

Design Corps: www.designcorps.org

Doctors Without Borders: www.doctorswithoutborders.org

Industrial Designers of America: www.idsa.org

International Fund for Agricultural Development:
    www.ifad.org

National Endowment for the Arts: www.nea.org

National Law Center on Homelessness and Poverty:
    www.nlchp.org

New Orleans Wiki: www.thinknola.com/wiki/
    New_Orleans_Wiki

Office of the United Nations High Commissioner for Human
    Rights: www.unhchr.ch

Oxfam America: www.oxfamamerica.org

Rolex Awards for Enterprise: www.rolexawards.com

UNICEF: www.unicef.org

UNIFEM: www.unifem.org

United Nations: www.un.org

Urban Institute: www.urban.org

U.S. Census Bureau: www.census.gov

World Bank: www.worldbank.org

World Energy Council: www.worldenergy.org

World Health Organization: www.who.int

World Revolution: www.worldrevolution.org

World Wildlife Fund: www.worldwildlife.org

감사의 글

신시아 스미스, 쿠퍼 휴잇 내셔널디자인박물관은 다음과 같은 개인들과 기관들에게 "소외된 90%를 위한 디자인" 전시와 책을 준비하는 데 있어 그들의 값진 도움과 협력에 대해 감사의 뜻을 전하고자 한다.(이름은 특별한 순서로 나열된 것이 아니다.)

Bryan Bell, Founder and Executive Director, Design Corps

Cheryl Heller, CEO, Heller Communication Design

Martin J. Fisher, Ph.D., Cofounder and Executive Director, KickStart International

Sergio Palleroni, Founder, BaSic Initiative, Visiting Professor, Center for Sustainable Architecture, University of Texas

Dr. Paul R. Polak, Founder and President, International Development Enterprises (IDE)

Cameron Sinclair, Cofounder and Executive Director, Architecture for Humanity

Amy B. Smith, Instructor, Massachusetts Institute of Technology, and Cofounder, International Development Initiative

At Cooper-Hewitt: Shamus Adams, Debbie Ahn, Tom Andersen, Bill Berry, Jill Bloomer, Annie Chambers, Perry C. Choe, Lucy Commoner, Jocelyn Crapo, Aaron Crayne, Melanie Fox, Diane Galt, Lauren Gray, Chris Jeannopoulos, Mei Mah, Matilda McQuaid, Laurie Olivieri, Mick O'Shea, Robert Paasch, Wendy Rogers, Larry Silver, Nancy Sul, Katie Vagnino, Mathew Weaver. Formerly of Cooper-Hewitt: Alexxa Gotthardt

Tsang Seymour Design: Laura Howell, Patrick Seymour

Studio Lindfors: Erik Jostock, Ostap Rudakevych

Front Studio: Yen Ha, Michi Yanagishita

Gilsanz Murray Steficek, LLP: Victoria Arbitrio, Ramon Gilsanz

M3 Design: Adam Lerner, Jeff Mulhausen

Meridian Design, Inc.: Kurt Kuhlmann, Dan Matthews

IDE: Deepak Adhikari, Kyle Boice, Linda Chang, Narayan Khawas, Aaron langton, Michael Roberts, Kailash Sharma, Steve Wilson, Bob Yoder

WorldBike: Gian Bongiorno, Nate Byerly, Ross Evans, Jeremy Faludi, Paul Freedman, Adam French, Ed Lucero, Moses Odhiambo, Russ Rotondi, Matt Snyder, Dave Strain

Potters for Peace: peter Chartrand, Ron Rivera

Centers for Disease Control: Daniele Lantagne

Porch Cultural Center: Ed Buckner, Helen Regis

Kennedy&Violich Architecture, Ltd.: Sheila Kennedy, Kyle Sturgeon

SELCO-India: H. Harish Hande

Godisa Technologies Trush: Modesta Nyirenda

Heller Communication Design: Deon Berger, Karina Hadida, Alexandre Pacheco, Gary Scheft

Public Architecture: John Cary, Liz Ogbu, John Peterson

COMAC Ltd.: Dr. Solomon Mwangi

KickStart International: Mark Butcher, Edward Chan-Lizardo, Robert Hyde, Michael Mills, Nick Moon, Adblikadir Musa, Martin Rogena, Ken Weimer

Global Village Shelters, LLC: Daniel Ferrara, Mia Yvonne Ferrara Pelosi II, Philip Suarez

House of Dance&Feathers: L. J. Goldstein, Ronald W. Lewis

Project Locus: Patrick Rhodes

Kansas State University: Caitlin Heckathorn

United Villages, Inc.: Amir Alexander Hasson

American Assistance for Cambodia: Meng Dy, Bernard Krisher, Nuon So Thero

Partners Telemedicine: Paul Heinzelmann, M.D.

Side by Side International: Akiko Matsumoto

Sihanouk Hospital Center of HOPE: Rithy Chau

Honda Motor Co., Ltd.: Takato Ito, Marine Nagai, Rich Tsukamoto

GCX Distributors: Ben Diasrithanakorn

Shin Satellite: Piyanuch Sujpluem

Kyocera Corporation: Isao Yukawa, yuji Sugiyama, Hidehito Hisa

Bhagwan Mahavir Viklang Sahayata Samiti: D. R. Mehta Green Project: David Reynolds, Jonathan Wallick

Renewable and Appropriate Energy Laboratory, University of California: Daniel Kammen

Rural Technology Enterprises: Charles Gitundu, Evans Kituyi

AFREPREN/FWD: Stephen Karekezi, Waeni Kithyoma, Oscar Onguru

Design that Matters, Inc.: Timothy Prestero

Harvard University, Kennedy School of Government: Randi Purchia

Vestergaard Frandsen S.A.: Mikkel Vestergaard Frandsen, Torben Vestergaard Frandsen Brian M Hollingsworth, Harprit Kaur, Allan Mortensen, Thomas D. Soerensen

Mad Housers: Salma Abdulrahman, Nick Hess, Susan Lee

Kolam Partnership: Asif Khan, Omid Kamvari, Pavlos Sideris

Architectural Association, London: Antonia Lloyd

Cascade Designs: Whitney Persch

One Laptop per Child: Nicholas Negroponte, Nia Lewis

fuseproject: Yves Béhar, Mark Elkin, Leslie Ann Ruiz

Continuum: Kerry Emberly, Kevin Young

Mohammed Bah Abba

The Rolex Awards for Enterprise

Q Drum (Pty) Ltd.: Hans hendrikse, Pieter Hendrikse

University of Kansas, School of Architecture: Rob Corser, Dan Etheridge, Nils Gore Christopher Huchon

Oliver Rothschild

Yannick Haillac

Art Center College of Design: Mariana Amatullo, Jae
      Chae, Erica Clark, John Emshwiller, Janet Ferrero,
      Nik Hafermaas, Paul Hauge, Ayumi Ito, Atley Kasky,
      Matthew Potter, Elisa Ruffino

Harvard Business School, Social enterprise Initiative: Andrea E.
      McGrath

Design for the Majority: Leslie Speer

Industrial Designers Society of America

University of Illinois: Robert L. Thompson

Medical Care Development International: Ronald Marrocco

CITYbuild Consortium of Schools: Sarah Gamble

Coastal Women for Change: Sharon Hanshaw

박물관과 전시에 대한 더 많은 정보를 얻기 위해서는 쿠퍼 휴잇 박물관의 웹사이트인 www.cooperhewitt.org를 방문하길 바란다.

p. 138: © 2000 Tomas Bertelsen

p. 141: © 2000 Tomas Bertelsen

참고문헌

홍성욱

1. 손화철, "적정한 적정기술", 적정기술, 1권, 한밭대학교
   적정기술연구소, p6 (2009).

2. Barefoot College의 홈페이지는
   www.barefootcollege.org이다.

3. E. F. 슈마허, 이상호 역, "작은 것이 아름답다", 12장 중간기술
   개발을 요구하는 사회경제적 문제, 문예출판사 (2001).

4. Practical Action의 홈페이지는 www.practicalaction.org이다.

5. C. W. Pursell editor, "American Technology", chapter 9.
   Appropriate Technology, p293, Blackwell (2001).

6. ibid, p295

7. 미국의 적정기술운동의 부침에 대한 자세한 내용을 알고 싶은 분은
   위너의 책을 참고하기 바란다. 랭던 위너, 손화철 역, <길을 묻는
   테크놀로지>, 4장 '더 나은 쥐덫 만들기', 씨아이알(2010).

8. IDE의 홈페이지는 www.ide-international.org이다.

9. Kick Start의 홈페이지는 www.kickstart.org이다.

10. P. Polak, "Out of Poverty", Berrett-Koehler Publishers,
    Inc., San Francisco (2008).

11. D-Lab의 홈페이지는 www.d-lab.mit.edu이다.

12. D-School의 홈페이지는 www.stanford.edu/group/
    dschool이다.

블로밍크

1. 90%에 대한 통계를 보면, 폴 폴락(Paul Polak) 박사가 본
   책에서 언급했듯이, 디자이너들은 관습적으로 산업화된 나라의
   10%의 부유한 고객만을 위하여 디자인해왔다. 그러므로 정확한
   국제빈곤의 수치를 정한다는 것은 거의 불가능한 일이고, 이는
   과학이라기보다는 공개 토론의 대상이다. 많은 이들이 세계은행이
   정의한 '국제빈곤의 기준'으로 '하루 1달러 미만'을 사용한다.
   그러나 산제이 레디(Sanjay Reddy)와 토마스 포그(Thomas
   Pogge)가 말하듯, 이러한 기준은 개발도상국의 몇몇 지역에서는
   사실일 수도 있지만 "인간이 사는 데 필요한 사항들에 기초하지
   않은 임의적인 국제 빈곤 경계"를 나타내며, 국제적인 소득 빈곤을
   크게 과소평가하는 것이라고 할 수 있다. ("Monitoring Global
   Poverty: Better Options for the Future" , 2002년 11월 18일,
   the Carnegie Council on Ethics and International Affairs;
   그리고 "How Not to Count the Poor" 2005년 10월 29일
   레디와 포그가 쓴 논문의 요약본, www.socialanalysis.org)
   레디와 포그는 대안으로 구매력 평가지수에 근거한 "인간 필요
   중심적"인 접근을 주장한다.

신시아 스미스

1. PovertyNet, "Overview: Understanding Poverty." World
   Bank, http://web.worldbank.org/WBSITE/EXTERNAL/
   TOPICS/EXTPOVERTY/EXTPA/O,,CONTENTMDK:201538
   55~menuPK:435040~pagePK:148956~piPK:216618~the
   SithPK:430367,00.html (accessed 9/26/06).

2. Dashka Slater, "Earth's Innovators: Some people think
   outside the box. Some don't think about boxes at all."
   Massachusetts Institute of Technology International
   Development,
   http://web.mit.edu/idi/press/sierra-earth-innovators.pdf
   (accessed 9/29/06).

3. International Initiatives, "DesignMatters," Art Center
   College of Design,
   http://artcenter.edu/accd/international/int_initiatives.jsp
   (accessed 9/30/06).

4. CITYbuild, "Mission Statement,"
   http://www.citybuild.org/mission.html (accessed
   9/30/06).

5. "Hauser Center to be based at the Kennedy School of
   Government," in The Harvard University Gazette (April 17,
   2007). Harvard University,
   http://www.hno.harvard.edu/gazette/1997/04.17/Multi
   disciplina.html (accessed 9/30/06).

6. Office of Engineering and Public Service, "2006-
   07 Engineering Service-Learning Courses." Stanford
   University, http://soe.stanford.edu/publicservice/
   courses0607.php (accessed 9/30/06).

7. The Design&Innovation Research Group, "Art&Design
   Research Centre" The University of Salford,

http://www.adelphi.salford.ac.uk/adrc/dirg.html (accessed 9/30/06).

8. Leslie Speer, "The Next Decade of Design: Paradigm Shift," in *Innovation* 25 (2006): 31-35.

9. Pressroom, "10 Key Recommendations." United Nations Millennium Project, http://www.unmillenniumproject.org/press/press4.htm (accessed 9/29/06).

10. William Easterly, "UN 'fantasies' won't feed poor," *letter to the National Post*, February 25, 2006. New York University Development Research Institute, http://www.nyu.edu/fas/institute/dri/Easterly/ File/UN%20fantasies%20won't%feed%20 poor.pdf#search=%22william%20easterly%20bottom-up%20searching%22 (accessed 9/29/06).

11. 슈마허(E. F. Schumacher), <작은 것이 아름답다: 인간중심의 경제를 위하여> (문예출판사)

12. 빅터 파파넥(Victor Papanek), <인간을 위한 디자인> (미진사)

13. PovertyNet, "Choosing and Estimation a Poverty Line." World Bank, http://web.worldbank.org/WBSITE/ EXTERNAL/TOPICS/EXTPOVERTY/EXTPA/0,,contentMD K:20242879~menuPK:492130~pagePK:148956~piPK:2 16618~theSitePK:430367,00.html (accessed 9/29/06).

폴락

1. 슈마허(E. F. Schumacher), <작은 것이 아름답다: 인간중심의 경제를 위하여> (문예출판사)

에이미 스미스

1. Bruce, N., R. Perez-Padilla, and R. Albalak, *The Health Effects of Indoor Air Pollution Exposure in Developing Countries* (Geneva: World Health Organization, 2002).

2. Bailis, R., M. Ezatti, and D. Kammen, "Mortality and Greenhouse Impacts of Biomass and Petroleum Energy Futures in Africa," in *Science*, vol. 308, April 2005.

3. WEC Survey for World Energy Resources, 2001.

4. 초기 사탕수수 숯 프로젝트 그룹(Shawn Frayne, Jamy Drouillard, Tilke Judd, Anna Bautista, Rachana Oza, Arthur Musah, Andrew Levin), 초기 지역파트너들(Gerthy Lahens, Joazar Lucien, Northude Tilus), 두 번째 사탕수수 숯 연구팀(Amy Banzaert, Jessica Vechakul, Andrew Heafitz, Victoria Fan, Alia Whitney-Johnson, Jules Walter)이 이룬 성과에 감사한다.

케네디

1. 이 주제에 대해서 더 알고 싶은 사람은 쉐일라 케네디(Sheila Kennedy)가 쓴 "물질의 오용 (Material Mis-Use)"(London: The Architectural Association, 2000)을 보기 바란다.

2. 현재의 이동 전등 시제품을 두시간 반 동안 충전하면 독서에 적합한 45 루멘의 밝기로는 9시간 동안 사용가능하고, 90 루멘의 밝기로는 4시간 동안 사용할 수 있다.

3. 디아즈 로모(Diaz Romo), 파트리샤(Patricia), Huicholes y PIguacias(New York: Latin American Video Archives, 1993).

4. 칼슨(Carson), 로라(Laura), 국제관계 센터, 1996, http://www.irc-online.org/content/inside/93 태양광 전등기금 (SELF)은 가정에서 전등을 사용하는 것과 읽고 쓰는 능력 사이의 직접적인 연관관계에 대해서 연구했다. 낮 시간에 일하는 아이들과 여자들은 전등이 없으면 밤에 공부할 수 없다. 나무와 등유를 사용해서 불을 밝히는 것은 심각한 건강상의 문제를 가져온다. 또한, 1W LED(40-90 루멘)와 60W 백열등(900 루멘)과 비교해서 매우 낮은 2-4 루멘 정도의 밝기만을 제공하므로 독서하기에 충분하지 않다.

5. 이것은 2005년 5월 Centro Huichol이라는 NGO단체의 공동 설립자이자 CEO인 수사나 발라데즈(Susanna Valadez)가 저자에게 알려준 정보이다.

6. 나는 미겔 카리요(Miguel Carillo), 우이촐 지역 대표, 수사나 발라데즈, 카르멘 우에르따(Carmen Huerta) 박사, 그리고 스테이시 섀퍼(Schaefer)에게 시에라에서 이러한 노력을 가능하게 해준 것에 대해 감사드린다. 또한, 2005년에 Nomads & Nanomaterials 에서 일했던 나의 대학원 학생들에게도 2004년 이동전등 팀의 발명품의 용도와 직물을 발전시킨 것에 대해 감사한다. 이 일에 대한 더 많은 정보를 얻기 위해서는 www.portablelight.tcaup.edu를 참조하라.

7. 건기 주기에 대한 잘못된 믿음에 대해 로버트 M. 진그(Robert M. Zingg)가 쓴 Huichol Mythology (투싼; 아리조나 대학 출판사, 2004)를 볼 것.

8. 우이촐 지역의 전통적인 직물짜는 방법이 하는 역할에 대한 방대한 연구를 보기 위해서 스테이시 섀퍼가 쓴 To Think with a Good Hart (솔트레이크 시티, 유타대학 출판사, 2002)를 참조

9. 인류학자인 피터 히메네즈(Peter Jimenez)와 스테이시 섀퍼는 산 안드레스 지역에서 정부가 토착지역의 관광을 촉진하기 위해 전기망을 연결했던 예를 들면서 인프라가 어떻게 경제적인 의존을 야기하는지를 지적한 바 있다.

10. 개발을 하기 위해서는 "부자유", 즉, 공공재의 부재, 경제적 기회의 부족, 체계에 의한 사회로 부터의 박탈 등을 먼저 없애야 한다는 의견에 대한 정보를 위해서는 아마르타 센(Amartya Sen)의 Development as Freedom(뉴욕; Alfred A. Knopf,1999)와 폴 파머(Paul Farmer)의 Pathologies of Power(버클리; 캘리포니아 대학 출판사, 2005)를 참조할 것.

세르지오 팔레로니(카트리나 프로젝트)

1. 미국과학한림원 137차 미팅에서 원장인 브루스 알버츠(Bruce Alberts)가 연설한 "과학과 인간의 필요"에서 발췌함

소외된 90%를 위한 디자인 DESIGN FOR THE OTHER 90%

초판 7쇄 발행 | 2024년 6월 17일

대표기획 | 김정태 　　　　　　　발행처 | 에딧더월드, MYSC

번역 | 허성용, 허영란 외 14명 　　감수 | 홍성욱

발행처 | 주식회사 엠와이소셜컴퍼니(MYSC)

출판 브랜드 | 에딧더월드

발행인 | 김정태

주소 | 서울시 성동구 연무장13길 8 메리히어 6층

문의 | 02-532-1110 / info@mysc.co.kr

홈페이지 | www.mysc.co.kr

출판등록 | 제2015-000064호

인쇄 | 네모연구소

ISBN | 978-89-962544-7-8

이 도서의 국립중앙도서관 출판예정도서목록(CIP)은 서지정보유통지원시스템

홈페이지(http://seoji.nl.go.kr)와 국가자료종합목록시스템(http://www.nl.go.kr/

kolisnet)에서 이용하실 수 있습니다.(CIP제어번호 : CIP2018042811)

에딧더월드는 사회혁신 컨설팅·임팩트투자 전문기업인 주식회사 엠와이소셜컴퍼니(MYSC)의 출판브랜드입니다.

에딧더월드는 가치 있는 콘텐츠의 출간을 통해 사회적 언어의 확산을 지향하고 있습니다.